Knobeln mit Einstein 3/4

Aufgaben
für leistungsstarke Kinder

Herausgegeben von
Prof. Dr. Marianne Grassmann

Weitere Materialien:

Knobeln mit Einstein 1/2	ISBN 3-507-75232-8
Einsteins Mathemerkheft	ISBN 3-507-75231-X

ISBN 3-507-**75233**-6

Druck A 3 / Jahr 2005

Illustration: Barbara Hömberg
Satz und Repro: More*Media* GmbH, Dortmund
Druck und Bindung: Westermann, Braunschweig

Knobeln mit Einstein – Aufgaben für leistungsstarke Kinder

Die hier zusammengestellten Arbeitsblätter sind vorrangig zur Förderung leistungsstärkerer Grundschulkinder gedacht, können aber auch für alle Kinder im Unterricht zur Verfügung gestellt werden. Wenn Sie mit dem Lehrwerk Primo.Mathematik arbeiten, werden Sie viele der Aufgabentypen wiedererkennen. Die Arbeitsblätter können aber selbstverständlich auch als Ergänzung zu anderen Lehrwerken eingesetzt werden.
Zu den Klassenstufen 1 und 2 bieten wir Ihnen eine analoge Aufgabensammlung an.

Mit den folgenden Aufgaben geht es nicht um eine quantitative Differenzierung (schnelle Rechner sollen mehr Aufgaben lösen), sondern um eine qualitive Differenzierung. Bei den Aufgaben geht es uns darum, die Kinder anzuregen nach Mustern und Strukturen zu suchen, selbständig Muster und Strukturen zu erzeugen und dabei ihr mathematisches Wissen und ihre mathematischen genauso wie ihre allgemeinen kognitiven Fähigkeiten weiterzuentwickeln. Berücksichtigt werden z. B. Eigenschaften von Zahlen und das Experimentieren mit Zahlen und Rechenoperationen, um auf diesem Wege tiefere Einsichten in Beziehungen zwischen Zahlen und Rechenoperationen zu gewinnen. Dabei ist es durchaus denkbar, dass die Kinder unterschiedliche sinnvolle Fortsetzungen von Zahlenreihen finden, die von den von uns gedachten abweichen, oder dass die Kinder ganz anders, als wir es erwartet haben, bei der Lösung einer Aufgabe vorgehen. Das alles ist erwünscht und sollte Anlass zum Austausch über Lösungen und Lösungswege sein.

Auch die Text- und Problemaufgaben sind nicht einfach zum Knobeln da, damit die Kinder im Unterricht beschäftigt sind, während die anderen noch am regulären Unterrichtsstoff arbeiten. Wichtig ist es uns auch bei der Lösung der Aufgaben, dass es nach der Bearbeitung Möglichkeiten der Kommunikation gibt, die durchaus auch in kleinen Gruppen erfolgen kann, damit über Strategien reflektiert werden kann und die Kinder metakognitive Fähigkeiten entwickeln können.

Die Aufgaben sind nicht nach Jahrgangsstufen geordnet, sondern thematisch zusammengefasst. Dabei ergibt sich aus dem Inhalt, dem verwendeten Zahlenmaterial und den Rechenoperationen in welchem Zusammenhang die Aufgaben zweckmäßigerweise zur Ergänzung hinzugezogen werden. Aber auch bei „kleineren“ Zahlenräumen können die vorgestellten Aufgaben durchaus so anspruchsvoll sein, dass sie erst in Klasse 4 gestellt werden, Zauberfiguren z. B. sind auch für die Kinder der Klasse 4 nicht zu leicht. Manche der Aufgaben können sicher sowohl zur Ergänzung des Schülerbandes 3 als auch zur Ergänzung des Bandes 4 hinzugezogen werden. Wann der Einsatz konkret erfolgt, entscheiden Sie im Rahmen Ihrer Unterrichtskonzeption.

Die vorliegenden Aufgaben liefern auch Material für die in einigen Bundesländern zu gestaltenden „verlässlichen Knobelzeiten“, können als „Aufgabe der Woche“ gestellt werden und dann in der Klasse ausgewertet werden.

Am Ende des Heftes finden Sie die Lösungen der Aufgaben. In einigen Fällen wurde keine Lösung angegeben, da verschiedene Lösungen möglich wären.

Häuser, in denen Zahlen wohnen

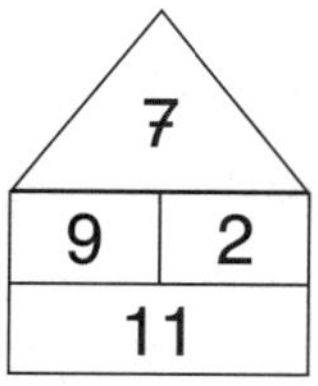

Im ersten Stock wohnen zwei Zahlen: 9 und 2.
Im Erdgeschoss zieht die Summe ein: 11.
Im Dachgeschoss wohnt die Differenz: 7.

Ins Nachbarhaus ziehen die Zahlen aus dem Erdgeschoss und dem Dachgeschoss ein.
Die Differenz der beiden zieht wieder ins Dachgeschoss, die Summe ins Erdgeschoss.

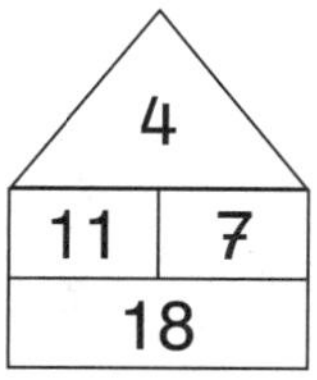

1 a)

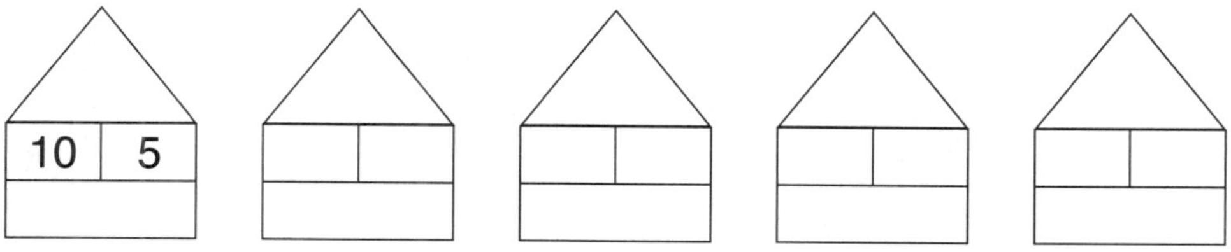

b) Schau dir die Bewohner genau an. Was fällt dir auf?

____

____

2 Welche Zahlen wohnten im ersten Haus?

a)

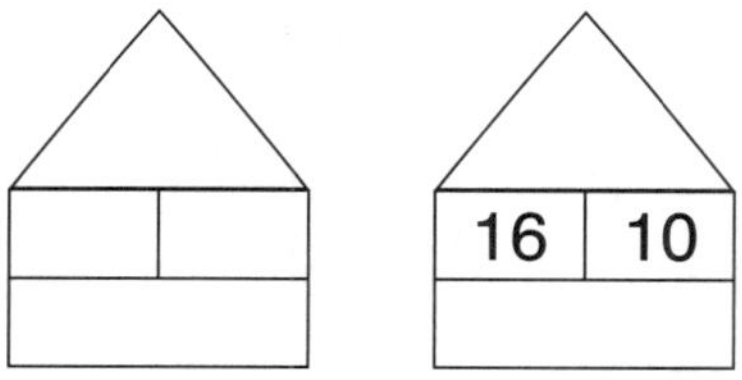

b)

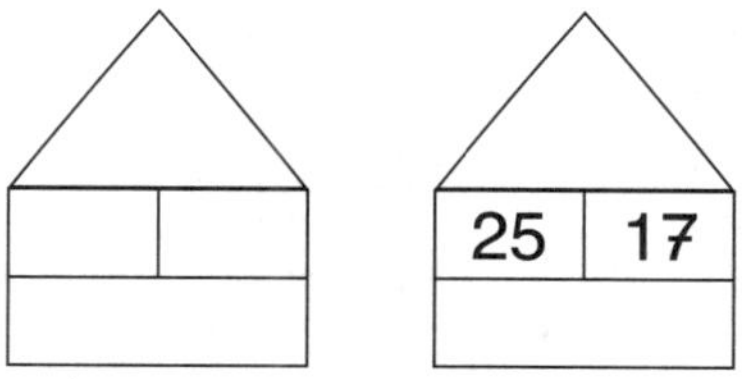

3 Welche Zahlen wohnen in den anderen Häusern?

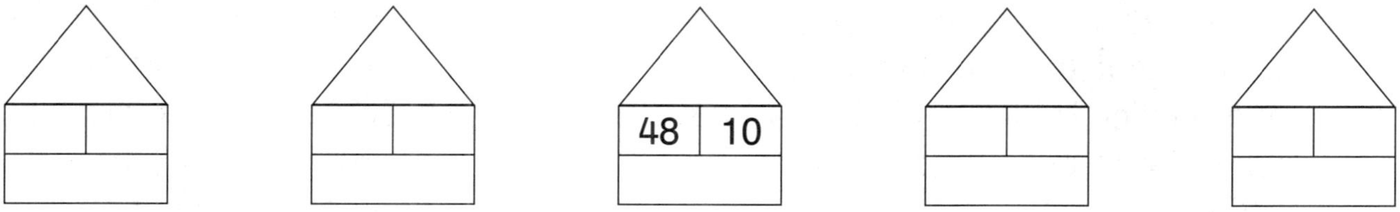

Zahlenreihen

4 Setze die Zahlenreihen fort. Erkläre deine Regel.

a) 1, 2, 4, 8, 16, ____, ____, ____
Regel ______________________________

b) 1, 3, 9, 27, ____, ____, ____
Regel ______________________________

c) 1, 4, 9, 16, 25, ____, ____, ____
Regel ______________________________

d) 2, 6, 12, 20, ____, ____, ____
Regel ______________________________

e) 1, 1, 2, 3, 5, 8, ____, ____, ____
Regel ______________________________

f) 10, 9, 11, 8, 12, ____, ____, ____
Regel ______________________________

Zauberfiguren und andere Zahlenmuster

1 a) Setze die Zahlen 1 2 3 4 5 6 7 8 so ein, dass die Summe der Zahlen auf den vier weißen Feldern und die Summe der Zahlen auf den grauen Feldern gleich sind. Wie viele Lösungen findest du?

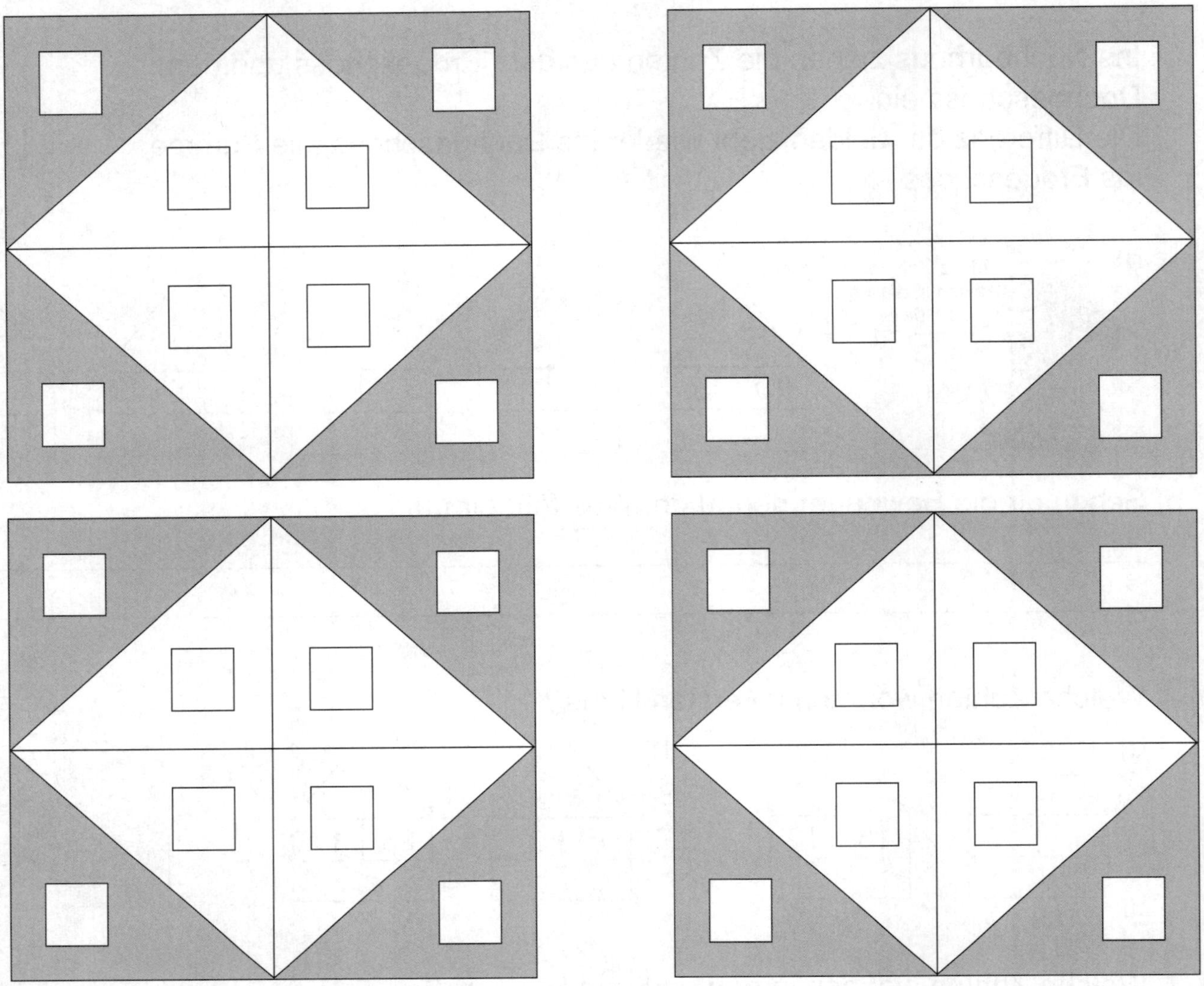

b) Findest du auch eine Lösung, wenn zusätzlich die Summe der oberen vier Zahlen und die Summe der unteren vier Zahlen gleich sein sollen?

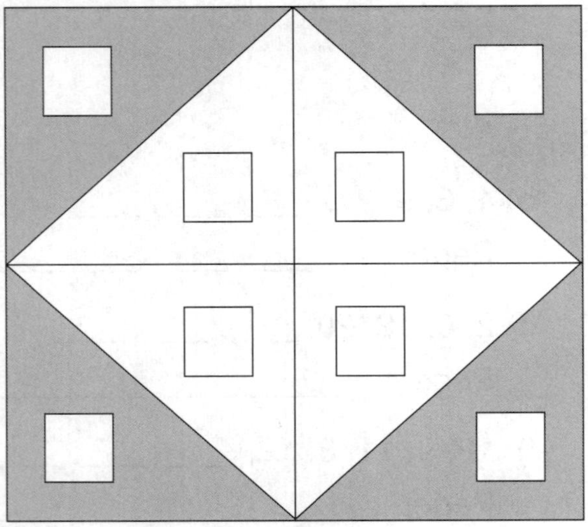

c) Setze die Zahlen 1 2 3 4 5 6 so ein, dass die Summe der Zahlen auf den grauen Feldern und die Summe der Zahlen auf den weißen Feldern gleich ist.

Kryptogramme

1

G + K = FF	A = _____
FD + F = FF	B = _____
C + F = FD	C = _____
FC + F = ED	D = _____
ED − B = FE	E = _____
FE − H = H	F = _____
H − A = A	G = _____
B + I = FA	H = _____
K + B = FI	I = _____
ED − H = FG	K = _____

2

IG − G = IH	A = _____
B + D = IK	B = _____
II + I = IK	C = _____
IK + K = IE	D = _____
KH − A = IE	E = _____
IE − F = A	F = _____
ID + D = KH	G = _____
F + B = ID	H = _____
IK + C = ID	I = _____
G + G = IF	K = _____

3

E + E = E	A = _____
G + B = FA	B = _____
FD + G = CE	C = _____
FD − C = FF	D = _____
FC − D = B	E = _____
FE − G = D	F = _____
A + A = FC	G = _____
H + H = FA	H = _____
K + K = H	I = _____
A + I = FF	K = _____

4

KF + D = KF	A = _____
G + I = KA	B = _____
E + K = KD	C = _____
E + E = KI	D = _____
KB − I = I	E = _____
C + C = KD	F = _____
KF − C = I	G = _____
H + B = KF	H = _____
KK + E = AD	I = _____
KB + G = AD	K = _____

Zahlenrätsel

1 Welche Zahlen musst du für die Buchstaben einsetzen?

```
  K H F        A B D        A G C
+ K H F      + A D D      + E G I
               1 1          1
-------      -------      -------
  C K H      F D H I      F F C C
```

A = ___ B = ___ C = ___ D = ___ E = ___

F = ___ G = ___ H = ___ I = ___ K = ___

2

```
  C I D        E D A        K B E
+ F C H      + A D A      + I G E
               1            1 1
-------      -------      -------
A A B D        F G G      A I H H
```

A = ___ B = ___ C = ___ D = ___ E = ___

F = ___ G = ___ H = ___ I = ___ K = ___

3

```
  A C G        I G B        D A A
+ D C G      + H B K      + E F A
  1              1          1 1
-------      -------      -------
B C G G      B G F G      B H K F
```

A = ___ B = ___ C = ___ D = ___ E = ___

F = ___ G = ___ H = ___ I = ___ K = ___

4

```
  M U T T E R
+   V A T E R
-------------
  E L T E R N

    B A U M
+   B A U M
-----------
    W A L D
```

5 Meine eigenen Zahlenrätsel:

Zauberdreiecke

1 Setze die Zahlen so ein, dass auf jeder Seite des Dreiecks die gleiche Summe herauskommt. Wie viele Lösungen findest du?

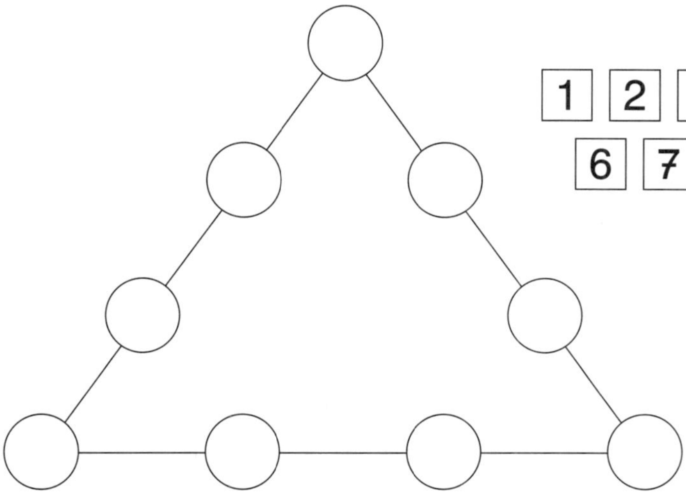

1 2 3 4 5
6 7 8 9

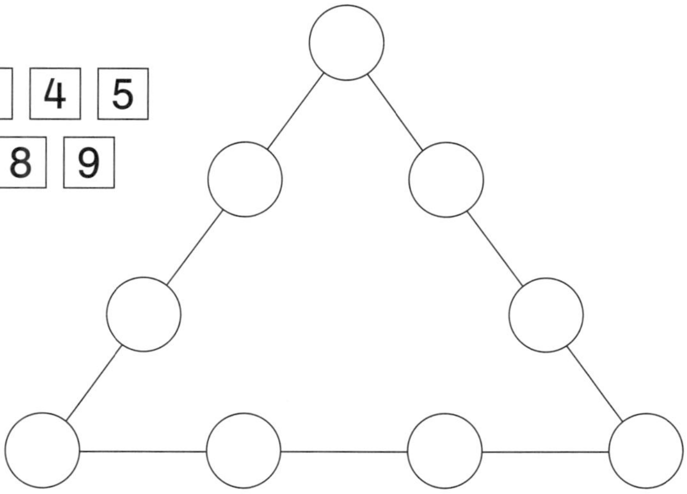

2 Jetzt darfst du die Zahlen von 1 bis 12 verwenden. Versuche sie so zu verteilen, dass sich auf jeder Dreiecksseite die Summe 30 ergibt. Finde weitere Lösungen.

1 2 3 4 5 6 7 8 9 10 11 12

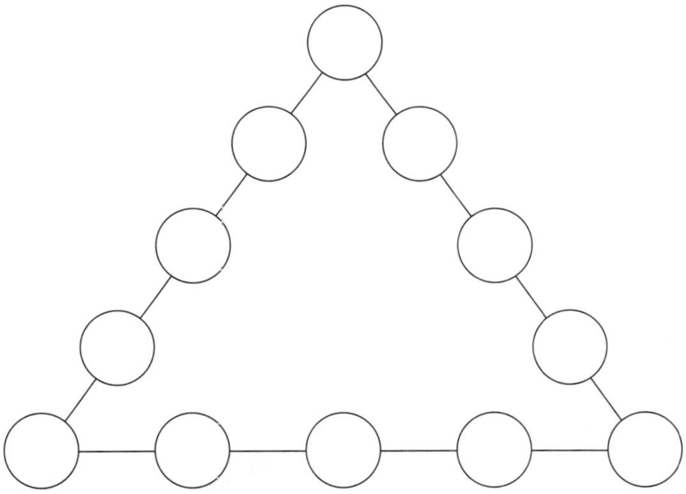

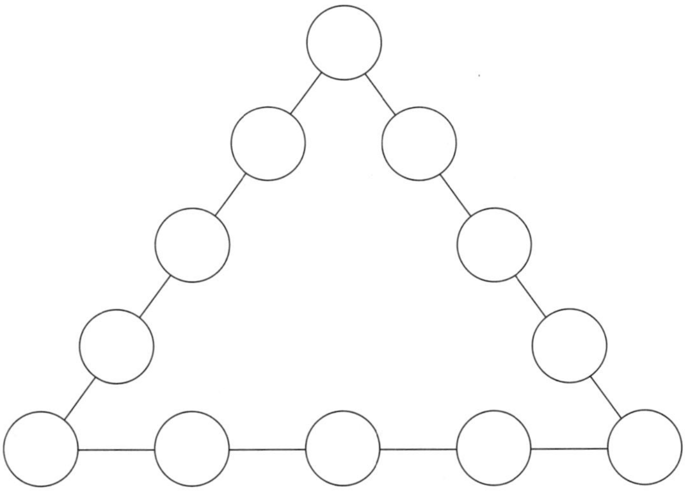

3

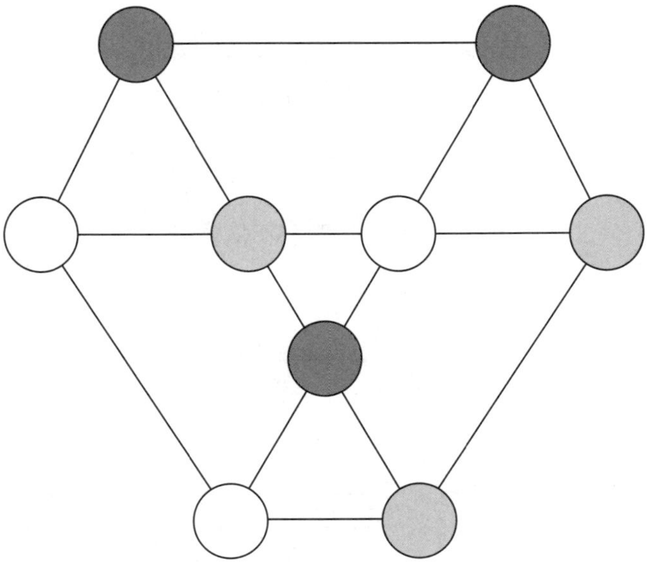

In der Figur gibt es vier kleine Dreiecke und drei große Dreiecke.

Setze die Zahlen von 1 bis 9 so ein, dass die Summe der Eckzahlen in jedem der sieben Dreiecke gleich ist.

Zahlen und Muster

1 Setze die Muster fort. Aus wie vielen Punkten besteht jeweils das 10. Muster, das 20. Muster?

a)

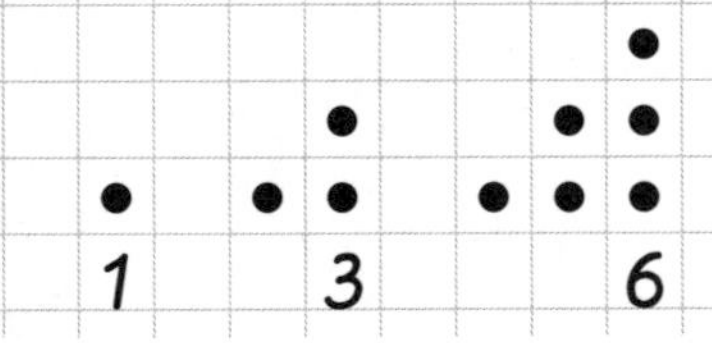

Die 10. Figur besteht aus ______________. Die 20. Figur besteht aus ______________.

b)

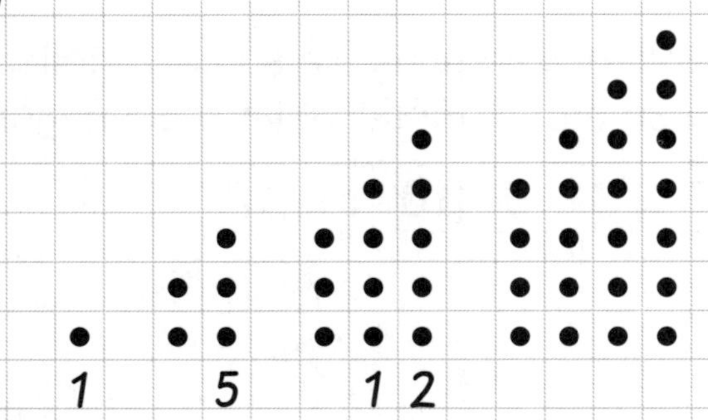

Die 10. Figur besteht aus ______________. Die 20. Figur besteht aus ______________.
Erkennst du einen Zusammenhang zwischen den beiden Mustern?

____

2 Das große Dreieck wurde aus vielen kleinen Dreiecken gelegt.
Es gibt Dreiecke der Form A: △ und Dreiecke der Form V: ▽.

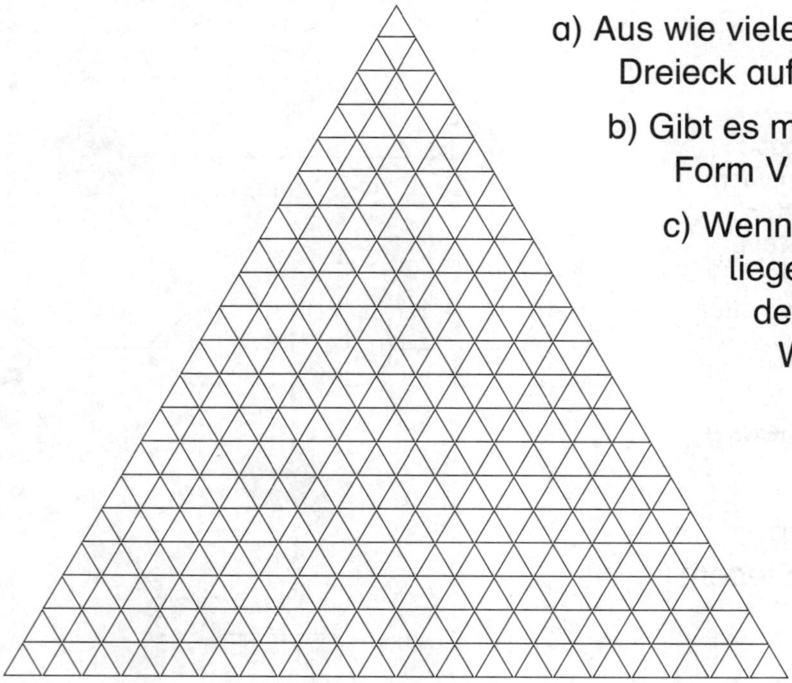

a) Aus wie vielen kleinen Dreiecken ist das große Dreieck aufgebaut?

b) Gibt es mehr Dreiecke der Form A oder der Form V?

c) Wenn in der untersten Reihe 100 Hölzchen liegen, gibt es dann mehr kleine Dreiecke der Form A oder der Form V? Wie viele Hölzchen brauchst du für das große Dreieck?

Knobeln mit Einstein 3/4

Summen von Reihenfolgezahlen

2 3 4 aber auch 56 57 58 59 60 und 101 102 103 104 sind Reihenfolgezahlen, 5 7 9 sind keine Reihenfolgezahlen.

2 + 3 + 4 = 9   9 ist das Ergebnis einer Plusaufgabe mit Reihenfolgezahlen.

1

Forschungsauftrag 1

Finde alle Plusaufgaben mit Reihenfolgezahlen, deren Ergebnis nicht größer als 30 ist.

Forschungsauftrag 2

Finde alle Plusaufgaben mit Reihenfolgezahlen, deren Ergebnis genau 45 ist.

2 a) Suche dir drei beliebige Nachbarzahlen aus. Zähle sie zusammen. Kannst du das Ergebnis durch 3 teilen?

b) Suche dir fünf Nachbarzahlen aus und zähle sie zusammen. Kannst du das Ergebnis durch 5 teilen?

c) Kann man die Summe von vier Nachbarzahlen durch 4 teilen?

Aufgaben zum Entdecken (1)

1 Wähle drei unterschiedliche Ziffern. Bilde daraus die größtmögliche und die kleinstmögliche Zahl. Subtrahiere die Zahlen voneinander. Rechne mehrere Beispiele. Was fällt dir auf?

$$\begin{array}{r} 321 \\ -\,123 \\ \hline 198 \end{array}$$

Mir ist aufgefallen: ______________________________

____

2 Spiegelzahlen multiplizieren.

a) Rechne aus:
$42 \cdot 36$ und $24 \cdot 63$
$63 \cdot 48$ und $36 \cdot 84$

b) Was stellst du fest?
Findest du weitere Beispiele, für die deine Entdeckung gilt?

3 Teilen mit Rest. Was stellst du fest?

a)	b)	b)
180 : 4 = ______	195 : 5 = ______	246 : 6 = ______
181 : 4 = ______	196 : 5 = ______	247 : 6 = ______
182 : 4 = ______	197 : 5 = ______	248 : 6 = ______
183 : 4 = ______	198 : 5 = ______	249 : 6 = ______
184 : 4 = ______	199 : 5 = ______	250 : 6 = ______
185 : 4 = ______	200 : 5 = ______	251 : 6 = ______
186 : 4 = ______	201 : 5 = ______	252 : 6 = ______

Ich habe festgestellt: ______________________________

____

4

a)	b)	c)
13 : 6 = ______	17 : 9 = ______	15 : 4 = ______
26 : 6 = ______	34 : 9 = ______	30 : 4 = ______
39 : 6 = ______	51 : 9 = ______	45 : 4 = ______
52 : 6 = ______	68 : 9 = ______	60 : 4 = ______
65 : 6 = ______	85 : 9 = ______	75 : 4 = ______

Mir ist aufgefallen: ______________________________

Aufgaben zum Entdecken (2)

1 Rechne immer erst – 357 und dann + 643.
Wähle selbst Anfangszahlen aus. Was fällt dir auf?

485	583			
– $3 5_1 7$	– 357	– 357	– 357	– 357
128				
485	583			
+ $6_1 4 3$	+ 643	+ 643	+ 643	+ 643
1128				

Mir ist aufgefallen: ______________________________.

2 Rechne immer erst – 484 und dann + 616. Wähle selbst Anfangszahlen aus. Was fällt dir auf?

649			
– 484	– 484	– 484	– 484
649			
+ 616	+ 616	+ 616	+ 616

Mir ist aufgefallen: ______________________________.

3 Rechne immer erst – 2849 und dann + 7151. Wähle selbst Anfangszahlen aus. Was fällt dir auf?

34641		
– 2849	– 2849	– 2849
34641		
+ 7151	+ 7151	+ 7151

Mir ist aufgefallen: ______________________________.

4 Was fällt dir auf?

a) 12 · 4 = ____ 48 · 2 = ____
6 · 8 = ____ 24 · 4 = ____
3 · 12 = ____ 12 · 8 = ____
____

b) 36 · 3 = ____ 54 · 2 = ____
12 · 9 = ____ 18 · 6 = ____
4 · 27 = ____ 9 · 12 = ____
____

c) 4 · 5 = ____ 7 · 3 = ____
4 · 10 = ____ 7 · 6 = ____
4 · 20 = ____ 7 · 12 = ____
____

d) 120 : 4 = ____ 120 : 5 = ____
240 : 8 = ____ 240 : 10 = ____
480 : 16 = ____ 480 : 20 = ____
____

e) 60 : 2 = ____ 60 : 3 = ____ 90 : 5 = ____ ______________
60 : 4 = ____ 60 : 6 = ____ 90 : 10 = ____ ______________

Knobeln mit Einstein 3/4

Allerlei mit Produkten (1)

1 Du darfst den Taschenrechner verwenden.
Setze die Reihen fort. Was fällt dir auf?

a) 143 · 7 = ______
143 · 14 = ______
143 · 21 = ______

b) 3 · 37 = ______
6 · 37 = ______
9 · 37 = ______

c) 37 037 · 3 = ______
37 037 · 6 = ______
37 037 · 9 = ______

Mir ist aufgefallen: ______

2 Setze auch hier die Reihen fort.

a) 77 · 13 = ______
77 · 26 = ______
77 · 39 = ______
77 · 52 = ______

b) 9 · 9 = ______
98 · 9 = ______
987 · 9 = ______
986 · 9 = ______

c) 0 · 9 + 1 = ______
1 · 9 + 2 = ______
12 · 9 + 3 = ______
123 · 9 + 4 = ______

3 Was fällt dir bei diesen Aufgaben auf?

a) 210 · 11 = ______
42 · 55 = ______
165 · 14 = ______
154 · 15 = ______
70 · 33 = ______
105 · 22 = ______

b) 110 · 273 = ______
330 · 91 = ______
10 · 3 003 = ______
5 · 6 006 = ______
165 · 182 = ______
1 365 · 22 = ______

c) 7 · 195 = ______
11 · 1 365 = ______
165 · 91 = ______
35 · 429 = ______
143 · 105 = ______
39 · 385 = ______

Mir ist aufgefallen: ______

4 Pia behauptet, dass 1 · 2 · 3 · 4 · 5 · 6 · 7 · 8 · 9 · 10 · 11 genau das gleiche Ergebnis hat wie 22 · 30 · 36 · 40 · 42.
Kannst du das überprüfen, ohne die Produkte auszurechnen?

Knobeln mit Einstein 3/4

Allerlei mit Produkten (2)

1 Wähle immer eine einstellige und eine zweistellige Zahl.
Rechne immer zuerst den Überschlag.

a) Das Produkt soll möglichst groß sein.

____

b) Das Produkt soll möglichst klein sein.

____

c) Das Produkt soll größer als 130 aber kleiner als 150 sein.

____

2 Wähle immer eine zweistellige und eine dreistellige Zahl.

a) Das Produkt soll möglichst groß sein.

____

b) Das Produkt soll möglichst klein sein.

____

c) Das Produkt soll zwischen 20 000 und 30 000 liegen.

____

3 Mit welchen Rechenzeichen musst du zwei der Zahlen verbinden, um die Ergebnisse zu erhalten?

44 | + | 2112 | : | · | 264 | –

8 | 48 | 6 | 308 | 11616 | 220 | 557568 | 1848 | 92928 | 2068 | 2376 | 2156

Knobeln mit Einstein 3/4

Zahlen und Zeichen gesucht

1 Welche Zahlen müssen für das Fragezeichen (?) eingesetzt werden?

a)

3	8	5	3
2	6	4	2
5	7	2	5
4	6	?	4

Meine Regel: ______________________

b)

2	3	4	5
1	2	1	3
7	2	4	?
5	8	6	2

Meine Regel: ______________________

2 Setze Zahlen ein.

107 – □□ = 9

2□ – 8 = □2

□5 – 6 = □

□□8 – □□ = 9

3 Hier gibt es mehr als eine Lösung. Wie viele findest du?

2□ – □ = 24

3□ – □6 = □1

4 Ist diese Aufgabe lösbar?

□□□ – □ = □0

Erkläre:

____

____

5 42 + □ = 51

25 + 19 + □ + 17 · □ + 2 = 80

6 Größer, kleiner oder gleich?
Kannst du das herausfinden, ohne zu rechnen?

3 · 18 + 64 – 46 ◯ 8 · 13 + 46 – 64

123 – 6 · 14 – 29 ◯ 179 – 6 · 14 – 17

13 · 6 – 26 · 3 + 6 · 21 – 91 ◯ 21 · 6 – 13 · 7

9 · 8 + 18 · 4 + 102 ◯ 17 · 6 + 18 · 8

Allerlei zum Rätseln und Rechnen

1 Einstein kauft für sich und seine 3 Freunde Eisbecher und bezahlt 12 €.
Am Nebentisch sitzen 6 Personen, die die gleichen Eisbecher haben.
Wie viel müssen die Gäste bezahlen?
Schreibe deinen Lösungsweg auf.

2 Ein alter Herr will aus seinem Wasserbehälter 4 l Wasser entnehmen. Er hat aber nur ein 5 l- und ein 3 l-Schöpfgefäß. Wie kann kann ihm das Abmessen von 4 l gelingen? Kann er auch einen Liter abmessen? Erkläre deine Lösung.

3 Unter den 9 gefärbten Eiern ist ein Gipsei dabei, das schwerer ist als die anderen, gleich schweren Eier. Einstein behauptet, dass er mit einer Balkenwaage mit drei Wägungen herausfindet, welches das „falsche" Ei ist.
Pia meint, dass sie das schon mit zwei Wägungen schafft.
Wie können Einstein und Pia das „falsche" Osterei herausfinden?

4 a) Pia las in der letzten Woche ein Buch von 175 Seiten. Am Montag fing sie an und las einige Seiten. Am Dienstag las sie 5 Seiten mehr als am Montag.
Auch an jedem folgen Tag las sie 5 Seiten mehr als am vorangegangenen Tag.
Am Sonntag hatte sie das Buch ausgelesen.
Wie viele Seiten las sie an jedem Tag?

b) Maxi las dasselbe Buch, dass ihr sehr gut gefiel. Sie war schon nach 3 Tagen fertig. Sie las am 2. Tag doppelt so viele Seiten wie am ersten Tag und am dritten Tag doppelt so viele wie am 2. Tag.

Allerlei zum Knobeln und Rechnen

1 Laura will einen Strauß Blumen kaufen, Nelken und Rosen. Sie kann aber die Preisschilder nicht erkennen. Eine Frau vor ihr kauft 5 Nelken und 7 Rosen und bezahlt 12,30 €. Jens bezahlt für 7 Nelken und 4 Rosen 12 €.
Jetzt weiß Laura, was Nelken und Rosen kosten.
Weißt du es auch? Wie hast du das herausgefunden?

2 Maxi kauft einen Strauß aus Lilien und Gerbera, zusammen sind es 11 Blumen und sie muss 10 € bezahlen. Eine Gerbera ist 20 Cent teurer als eine Lilie.
Wie viele Blumen jeder Sorte hat der Strauß?

3 Das Problem der 100 Vögel.
Ein Herr sandte seinen Diener aus, er solle 3 Arten von Vögeln kaufen und zwar Tauben, Turteltauben und Sperlinge. Eine Taube kostet 4 Taler, eine Turteltaube 2 Taler und 3 Sperlinge 1 Taler. Der Diener bezahlte für 100 Vögel genau 100 Taler.
Wie viele Vögel jeder Art hat er gekauft?

4 Auf einem Tisch steht ein Turm aus gleich großen Würfeln. Beim Betrachten von allen Seiten sind 29 Quadrate als Begrenzungsflächen zu sehen.
Aus wie vielen Würfeln besteht der Turm?

5 Wie viele unterschiedliche vierstellige gerade Zahlen können aus den Ziffern 2, 3, 4 und 5 gebildet werden, wenn alle Ziffern einer Zahl verschieden sein sollen?
Erkläre deine Lösung.

Zahlenrätsel

1 Zerlege die Zahl 25 so in eine Plusaufgabe, dass die eine Zahl durch 2 und die andere durch 3 teilbar ist. Wie viele Möglichkeiten findest du?

2 Wie viele Kinder sind in der Klasse?
Im Sportunterricht sollen 4er-Gruppen gebildet werden. Jan bleibt übrig.
Auch als versucht wird 2er- und 3er-Gruppen zu bilden, bleibt Jan übrig.
Erst als der Lehrer 5er-Gruppen bilden lässt, gehört auch Jan zu einer Gruppe.

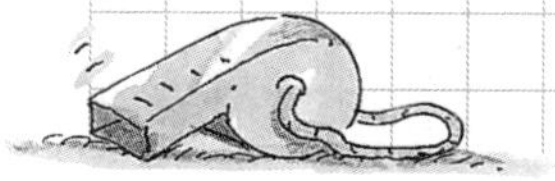

3 Wenn man von einer Zahl das Produkt von 5 und 7 abzieht, so erhält man den vierten Teil von 60. Wie heißt die Zahl?

4 Das Doppelte einer Zahl vermehrt um 5 ist genauso groß wie das Dreifache der Zahl vermehrt um 1. Wie heißt die Zahl?

5 Addiert man zwei Zahlen, erhält man 99. Die eine Zahl ist doppelt so groß wie die andere. Welche beiden Zahlen werden addiert?

6 Setze in die Kästchen Ziffern so ein, dass richtig gelöste Aufgaben entstehen.

☐☐☐ – ☐☐ = 1   ☐☐☐☐ – ☐☐☐ = 1

7 Setze 5 Plus- und 5 Minuszeichen so ein, dass eine richtige Gleichung entsteht.

11 ◯ 9 ◯ 7 ◯ 5 ◯ 3 ◯ 1 = 12 ◯ 10 ◯ 8 ◯ 6 ◯ 4 ◯ 2

Blindenschrift

In der Blindenschrift nutzt man Felder mit 6 Punkten.
Durch Hervorheben von Punkten werden verschiedene Zeichen erzeugt.

Beispiele:

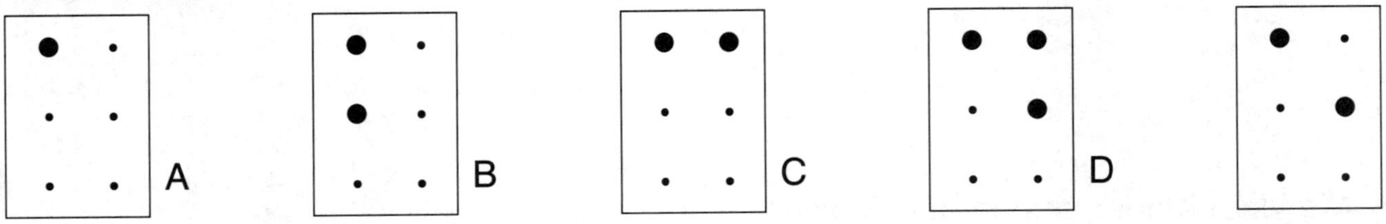

A B C D E

a) Wie viele unterschiedliche Zeichen mit 2 hervorgehobenen Punkten (wie bei B, C und E) können erzeugt werden? Du darfst zeichnen.

b) Wie viele unterschiedliche Zeichen mit 4 hervorgehobenen Punkten können erzeugt werden?

c) Fällt dir etwas auf?

Viele Möglichkeiten (1)

1 Jens hat ein Zahlenschloss an seinem Fahrrad. Er weiß noch, dass an jeder Stelle eine andere Zahl steht und dass 3, 5 und 7 die richtigen Ziffern sind. Die Reihenfolge hat er vergessen.
Wie viele Möglichkeiten muss Jens im schlimmsten Fall ausprobieren?

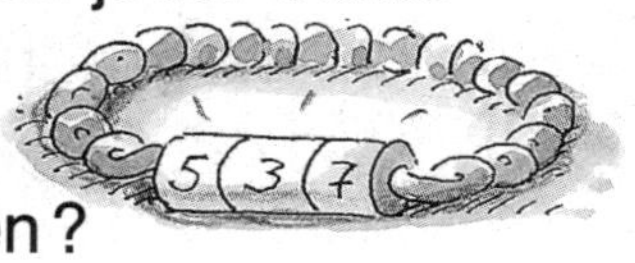

2 Bauen mit Würfeln. Du hast Steckwürfel in 3 Farben: rot, gelb, blau.
Wie viele verschiedene Türme aus 3 Würfeln kannst du bauen:
a) Wenn alle Würfel verschiedene Farben haben sollen?
b) Wenn auch gleiche Farben erlaubt sind?
Du kannst zeichnen oder rechnen.

3 Tobias kommt jeden Tag an einem Eisstand vorbei. Dort gibt es sechs unterschiedliche Eissorten. Er möchte jeden Tag drei Kugeln Eis essen. Es sollen alles unterschiedliche Sorten sein. Jeden Tag will er eine neue Zusammenstellung. Nach wie vielen Tagen muss er eine Zusammenstellung wählen, die er bereits hatte?

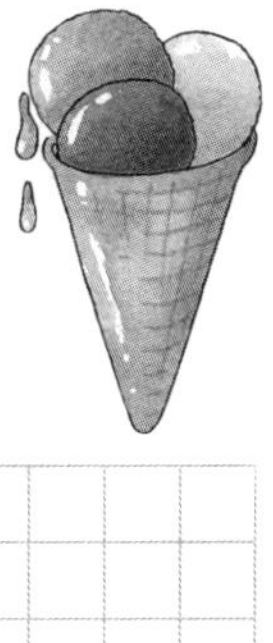

Viele Möglichkeiten (2)

1 Herr und Frau Meier haben zur Sylvesterfeier 10 Gäste. Um Mitternacht stößt jeder der Anwesenden mit jedem anderen an.
Wie oft klingen die Gläser?
Wie hast du die Lösung gefunden?

2 Frau Schulz überlegt: Wenn wir heute um Mitternacht auf das neue Jahr anstoßen, werden die Gläser 33-mal häufiger klingen als im vergangenen Jahr zu Sylvester.
Wie viele Personen waren im vergangenen Jahr bei der Sylvesterfeier anwesend?

3 Von Ahausen nach Bernsdorf gehen 4 Wege, von Bernsdorf nach Cohausen 3 Wege.

a) Wie viele unterschiedliche Wege kann Jana von Ahausen über Bernsdorf nach Cohausen gehen?

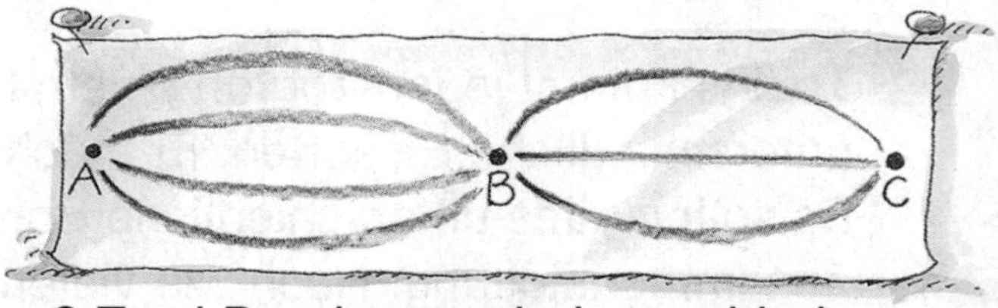

b) Wie viele unterschiedliche Rundwege von Ahausen nach Cohausen und zurück gibt es? Zwei Rundwege sind verschieden, wenn sie sich in mindestens einem Teilstück unterscheiden.

Noch mehr Möglichkeiten

1 Wege in Gitternetzen. In Gittercity sind alle Wege senkrecht zueinander angeordnet.

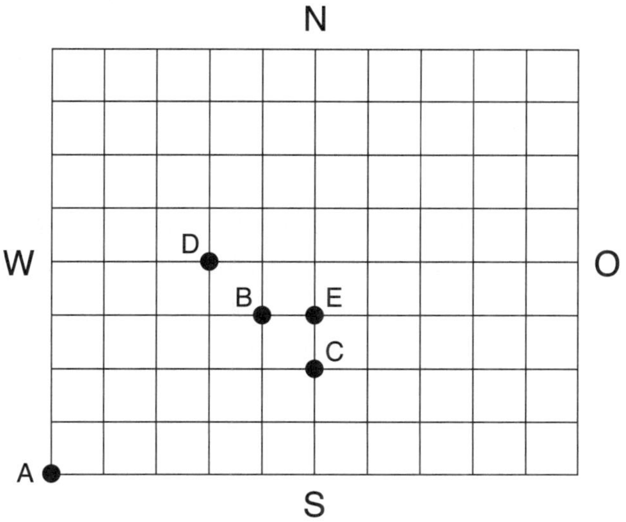

a) Wie viele Wege gibt es von A nach B, A nach C und A nach D, wenn immer nur nach Osten oder Norden gegangen werden darf?

____

____

____

b) Wie viele Wege gibt es von A nach E?

____

____

Vergleiche diese Zahl mit der Anzahl der Wege, die du von A nach B und von A nach C gefunden hast. Was fällt dir auf?

____

____

2

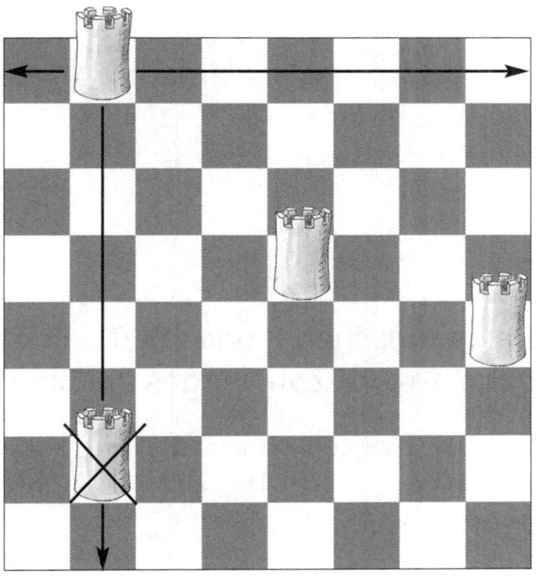

Ein Turm auf einem Schachbrett kann alle Figuren schlagen, die in einer waagerechten oder in einer senkrechten Reihe mit ihm stehen. Auch wenn es in einem Schachspiel eigentlich nur 4 Türme gibt, sollst du versuchen 8 Türme so auf dem Schachbrett anzuordnen, dass keiner einen anderen bedroht.

Kannst du herausfinden, wie viele Möglichkeiten es gibt?

____

____

3 Nüsse im 6 mal 6-Feld.

Um die Prinzessin zu befreien, muss Prinz Eisenhart folgende Aufgabe lösen:
„Finde alle Möglichkeiten auf einem 6 mal 6-Quadrat 4 Nüsse so anzuordnen, dass in jeder Zeile und in jeder Spalte 2 oder 0 Nüsse liegen."
Hilf ihm, die Aufgabe zu lösen.

Löse die Aufgabe in deinem Heft.

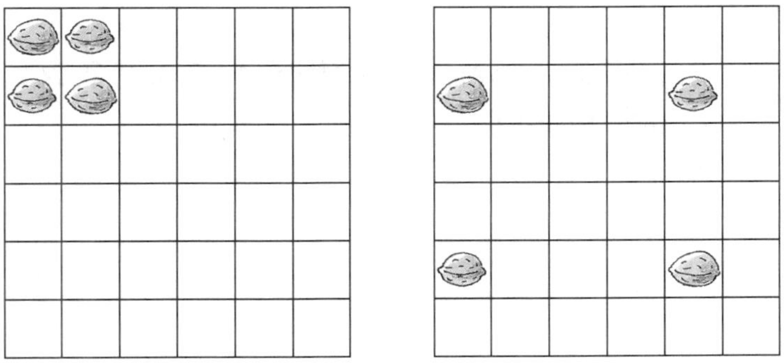

Wie viele Ziffern?

1 Jana stellt mit Plättchen Zahlen in der Stellentafel dar? Sie hat 5 Plättchen.

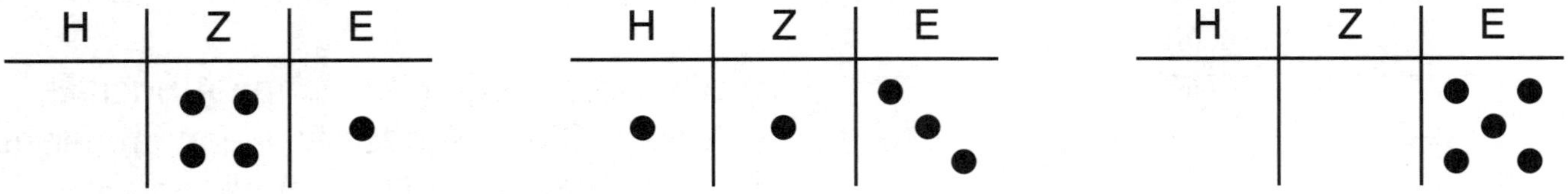

Wie viele unterschiedliche Zahlen kann sie auf diese Weise darstellen? Die Stellentafel geht nur bis zu den Hundertern. Nicht in jeder Spalte müssen Plättchen liegen.

2 Welche Ziffer kommt am häufigsten vor, wenn du alle Zahlen von 0 bis 1000 aufschreibst?

3 Wie viele Zahlen mit 2 oder 3 gleichen Ziffern gibt es zwischen 0 und 1000 einschließlich? Wie kannst du dir sicher sein, dass du keine Zahl vergessen hast?

4 Wie oft kommen die Ziffern 1, 0 und 7 vor, wenn du alle Zahlen von 0 bis 100 aufschreibst?

Legespiele

1 9 Münzen bilden 8 Dreierreihen.
Lege drei Münzen so um,
dass 3 Viererreihen entstehen.
Zeichne deine Lösung auf.

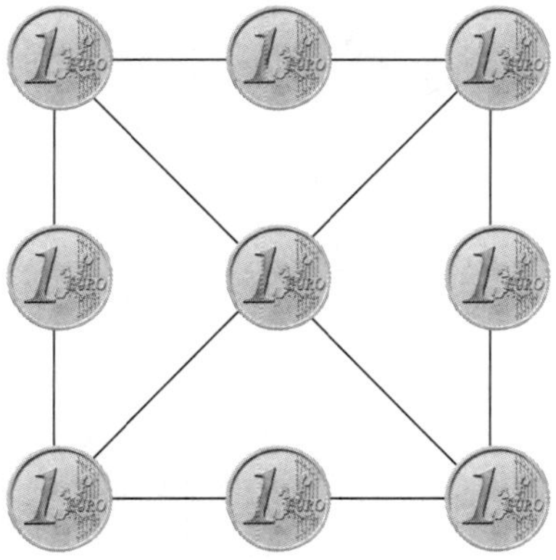

2 Finde den Weg durch das Zahlenfeld.
Beim Malnehmen der Zahlen deines Weges soll am Ziel genau 10 010 herauskommen.

7	11	5	
2	5	7	**Ziel**
11	3	13	10 010

3 Auf dem Tisch liegen 4 weiße und 4 schwarze Spielsteine so wie unten abgebildet.
Links und rechts sind zwei Plätze frei.
Du sollst die Steine in vier Zügen so verlegen, dass alle weißen Steine nebeneinander liegen und alle schwarzen Steine nebeneinander liegen.
Dabei werden bei einem Zug immer 2 nebeneinander liegende Steine bewegt.
Dabei darf rechts und links nicht vertauscht werden.
Du darfst nur die zwölf vorgesehenen Plätze benutzen.

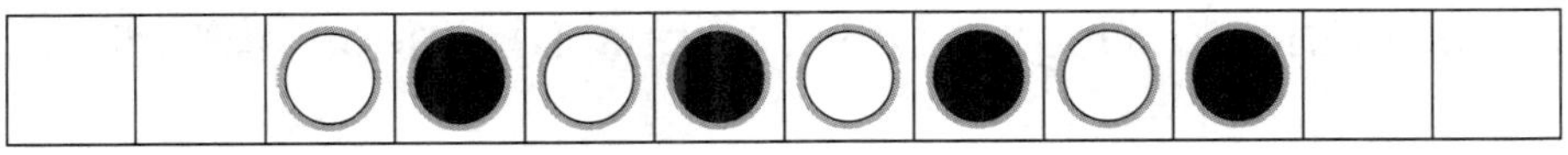

Knobeln mit Einstein 3/4

Was gehört zusammen?

1 Die Malerin Weiß, die Dichterin Schwarz und die Geigerin Braun treffen sich einmal im Monat.
„Es ist merkwürdig, dass eine von uns weiße, eine andere schwarze und eine braune Haare hat, aber keine hat die Haarfarbe, die ihrem Namen entspricht," wundert sich die Schwarzhaarige.
„Du hast recht", meint die Malerin Weiß.
Welche Haarfarbe hat jede der drei Frauen?

2 Wie heißen die elf Spieler der Fußballmannschaft von Kleinkleckersdorf?
- drei Spieler haben den Familiennamen Meier, vier Spieler den Familiennamen Lehmann, zwei den Namen Krause und zwei den Namen Schulz
- vier Spieler haben den Vornamen Hans, drei den Vornamen Paul und drei den Vornamen Fritz
- der Mittelstürmer heißt mit Vornamen Mathias
- keine zwei Spieler haben den gleichen Vornamen und Familiennamen
- der Torwart heißt Paul Schulz

3 Ein kleines schlaues Mädchen kommt zum Goldschmied, um ihre Kette reparieren zu lassen. Die Kette ist in vier Teile zerrissen.
Die Teile bestehen aus 3, 5, 7 und 10 Ringen. Das Teil aus 10 Ringen enthält auch den Verschluss.
Das Mädchen fragt, wie teuer die Reparatur wird.
Der Goldschmied sagt, dass nach dem Aufklemmen einiger Ringe vier Lötstellen notwendig sind und jede Lötstelle 1,50 € kostet.
Das Mädchen entgegnet, dass nur drei Lötstellen nötig sind und bezahlt 4,50 €.
Wie wurde die Reparatur durchgeführt?
Wie wollte der Goldschmied vorgehen?

Rangierprobleme und Überfahrten

1 Stau an einer Baustelle: Zum Ausweichen ist ein Platz, wo genau ein Auto ausweichen kann, vorgesehen. Rechts und links stehen je 3 Autos.
Wie viele Fahrmanöver sind notwendig, damit alle 6 Autos ihre Fahrt fortsetzen können?

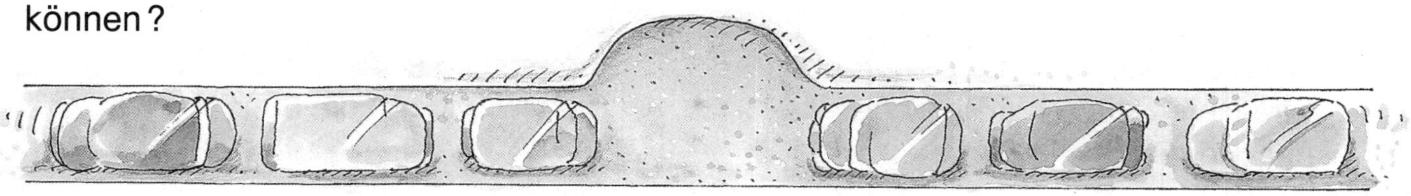

2 Einst wollte ein Mann eine Ziege, einen Wolf und einen Kohlkopf mit dem Kahn über einen Fluss bringen. Der Kahn war aber so klein, dass er stets nur eines von den Dreien mitnehmen konnte. Damit er am Ende alles noch hatte, durften Ziege und Kohlkopf sowie Ziege und Wolf nicht allein an einem Ufer sein.
Wie konnte der Mann seine Fracht über den Fluss bringen?
Wie viele Überfahrten waren notwendig?

3 Eine Wandergruppe von 12 Personen kommt an einen Fluss, den sie überqueren muss. Am Ufer ist ein Ruderboot, in dem 4 Personen Platz finden. 4 Wanderer rudern auf die andere Seite und ein Wanderer rudert zurück, um weitere Wanderer zu holen.
Das macht er so lange, bis alle Wanderer auf der anderen Seite des Flusses sind.
Sie lassen dort das Boot am Ufer und wandern weiter.
Eine Fahrt mit dem voll beladenen Boot dauert 6 min, die Rückfahrt 4 min.
Wie oft wurden Wanderer von der einen zur anderen Seite gebracht?
Wie lange dauerte es, bis alle Wanderer am anderen Ufer waren?

Allerlei zum Knobeln (1)

Peter schreibt Geschichten.
In seinem Geschichtenheft hat er bereits die Hälfte und noch 1 Seite beschrieben. 10 Seiten sind noch frei.
Wie viele Seiten hat Peter bereits beschrieben?

„Zusammen sind wir aber schwer!"
Leo und Paul wiegen zusammen 73 kg.
Leo ist 5 kg schwerer als Paul.
Wie viel wiegen die Jungen?

„Wenn wir uns übereinander stellen würden, könnten wir die Kirsche erreichen.
Zusammen sind wir 180 cm groß.
Du bist aber 10 cm größer als ich."
Wie groß sind die Kinder?

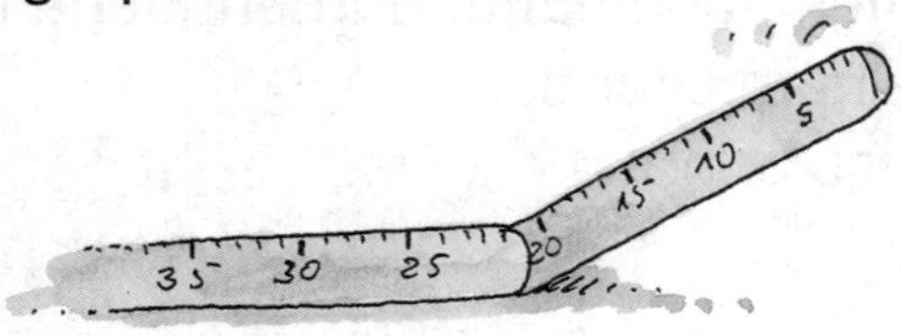

Jana trifft sich am Nachmittag mit ihren 5 Freundinnen. Jedes der Mädchen gibt jedem die Hand.
Wie oft werden Hände geschüttelt?

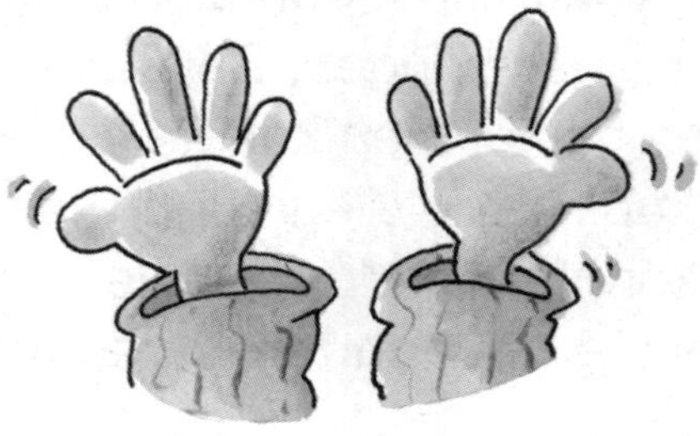

Das Schmuckband ist 300 cm lang.
Pia soll halb so viel erhalten wie Jens und Laura 3-mal so viel wie Pia.
Wie viel Band bekommt jedes der Kinder?

Maxi, Tim und Lea sind zusammen 30 Jahre alt. Maxi ist 2 Jahre älter als Tim und Lea 4 Jahre jünger als Maxi.
Wie alt sind die Kinder?

Der Opa von Jana hat 50 Kaninchen.
In einen Stall passen ein oder zwei Kaninchen. Insgesamt hat er 35 Ställe.
Wie viele Ställe gibt es für ein Kaninchen?
Wie viele Ställe gibt es für zwei Kaninchen?

Der Brunnen ist 15 m tief. Eine Schnecke kriecht jeden Tag 3 m hinauf.
In der Nacht rutscht sie immer 1 m und einen halben Meter wieder hinab.
Am wie vielten Tag erreicht die Schnecke den Brunnenrand?

Allerlei zum Knobeln (2)

Die Wunderhecke:
Im ersten Jahr wächst die Hecke einen halben Meter.
In jedem weiteren Jahr wächst sie immer um die Höhe, die sie in dem Jahr davor erreicht hatte.
Wie hoch ist die Hecke nach 6 Jahren, wenn die Pflänzchen am Anfang 10 cm hoch waren?

Schäfchen auf der Weide:
Der Schäfer ist stolz. Auf seiner Weide wurden von Montag bis Freitag 60 Schäfchen geboren.
Am Dienstag 3 mehr als am Montag, am Mittwoch 3 mehr als am Dienstag, am Donnerstag 3 mehr als am Mittwoch und am Freitag 3 mehr als am Donnerstag.
Wie viele Schäfchen wurden an den einzelnen Tagen geboren?

Auf drei Bäumen sitzen insgesamt 63 Vögel. Nachdem vom ersten Baum 9 Vögel auf den zweiten und vom zweiten Baum 17 Vögel auf den dritten Baum geflogen sind, sitzen auf dem 3. Baum doppelt so viele Vögel wie auf dem zweiten Baum und auf dem zweiten Baum doppelt so viele Vögel wie auf dem ersten.
Wie viele Vögel saßen am Anfang auf jedem Baum?

Die Hexe und das arme Mädchen.
Die Hexe sagte zu dem Mädchen:
„Wenn du über diese Brücke gehst, will ich dein Geld verdoppeln.
Aber wenn du zurückkommst, musst du mir 8 Taler geben."
Als das Mädchen das dritte Mal zurückkam, hatte es keinen einzigen Taler mehr.
Wie viele Taler hatte das Mädchen am Anfang?

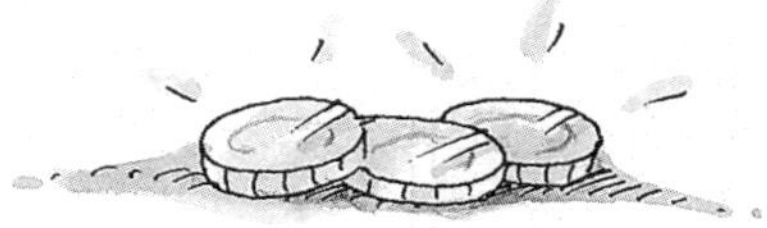

Sabine ist 10 Jahre jünger als ihr Bruder Tom. In einem Jahr wird Tom dreimal so alt sein wie Sabine.
Wie alt sind die Kinder jetzt?

Die Oma liest Pia aus einem Buch vor.
Sie ist auf Seite 119 angekommen.
Das ist eine rechte Buchseite.
Die Geschichte endet auf der Seite 190.
Wie oft muss die Oma noch umblättern?

Noch mehr zum Knobeln

An einer schnurgeraden Straße stehen ein Baum, ein Trafohäuschen, ein Laternenmast und ein Verkehrsschild. Vom Baum bis zum Trafohäuschen sind es 19 m. Das Trafohäuschen ist vom Laternenmast dreimal so weit entfernt wie vom Baum. Der Abstand zwischen Trafohäuschen und Verkehrsschild ist um 20 m größer als der Abstand zwischen Haus und Laternenmast. Wie weit ist der Laternenmast vom Verkehrsschild und wie weit der Baum vom Verkehrsschild entfernt?

In der Waldschule wurde eine Schulbibliothek eröffnet. Schon nach zwei Tagen waren sehr viele Bücher ausgeliehen. Die Hälfte der Leser hat gleich zwei Bücher ausgeliehen, die anderen jeweils ein Buch. Zur Eröffnung hatte die Schulbibliothek 360 Bücher in den Regalen. Wie viele Bücher wurden in den ersten beiden Tagen ausgeliehen, wenn jetzt nur noch ein Drittel der Bücher in den Regalen steht?

Im Geflügelstall von Bauer Pohl gab es 24 Tiere. Gänse und Hühner waren zusammen genauso viele wie Enten und Puten zusammen. Nachdem 6 Hühner verkauft wurden, waren doppelt so viele Hühner wie Gänse da und gleich viele Hühner wie Puten. Wie viele Tiere jeder Art hatte Bauer Pohl am Anfang?

An einer Straße stehen auf beiden Seiten insgesamt 67 Laternen. Die Laternen stehen auf beiden Straßenseiten im Abstand von 20 m. Auf der rechten Straßenseite steht die 1. Laterne genau am Anfang und die letzte Laterne genau am Ende der Straße. Wie lang ist die Straße?

Auf einem Teich schwimmen Enten. Ein Rabe ruft: „Guten Tag ihr hundert Enten." Eine schlaue Ente antwortete: „Wenn du zu unserer Anzahl das Doppelte hinzufügst und dich mitzählst, dann wären wir wirklich 100". Wie viele Enten schwimmen auf dem Teich?

Vögel kommen angeflogen. Wenn sich jeder Vogel allein auf einen Baum setzt, dann bleibt ein Vogel übrig. Wenn sich immer 2 Vögel auf einen Baum setzen, bleibt ein Baum ohne Vogel. Wie viele Bäume und wie viele Vögel sind es?

Wettläufe und andere Knobeleien

Drei Schnecken machen einen Wettlauf über eine Strecke von 1 m. Alle drei kriechen gleich langsam. Schnecke A kriecht jeweils 5 cm und macht dann 5 s Pause; Schnecke B macht immer nach 10 cm 12 s Pause und Schnecke C nach 20 cm immer eine Pause von 25 s.
In welcher Reihenfolge erreichen die Schnecken das Ziel?

Der Jäger und sein Hund.
Der Jäger geht nach der Jagd nach Hause. Es sind noch 10 km. Er schafft in 1 Stunde 5 km. Sein Hund ist allerdings dreimal so schnell wie er. Als der Hund zu Hause war, machte er kehrt und rannte zu seinem Herrn zurück. Das machte der Hund so oft, bis beide, Jäger und Hund, zu Hause angekommen sind.
Wie viele Kilometer ist der Hund gelaufen?

Ein Schiff auf großer Fahrt.
Vom Hafen ist das Schiff 90 km entfernt, als ihm ein Flugzeug mit der Post hinterher fliegt. Das Flugzeug ist zehnmal so schnell wie das Schiff.
Wie weit sind Schiff und Flugzeug vom Hafen entfernt, wenn das Flugzeug das Schiff einholt?

Der Hund jagt einen Fuchs.
In der Zeit, in der der Fuchs 9 Sprünge macht, macht der Hund 6 Sprünge.
Aber mit 3 Sprüngen kommt der Hund genauso weit, wie der Fuchs mit 7 Sprüngen.
Hund und Fuchs laufen zur gleichen Zeit los. Der Fuchs hat 60 Fuchssprünge Vorsprung.
Mit wie vielen seiner Sprünge holt der Hund den Fuchs ein?

Auf dem Bahnhof in Bahndorf fahren zur gleichen Zeit zwei Züge ab.
Sie fahren in entgegengesetzte Richtungen.
Der eine Zug fährt in einer Stunde 60 km, der andere 90 km.
Wie weit sind die beiden Züge nach einer und einer halben Stunde entfernt?

Zwei Städte sind 110 km voneinander entfernt. Aus beiden Städten fahren sich zwei Radfahrer entgegen.
Der eine schafft 2 km mehr in einer Stunde als der andere.
Nach 5 h treffen sie sich.
Wie viele Kilometer fuhr jeder der beiden Fahrer in einer Stunde?

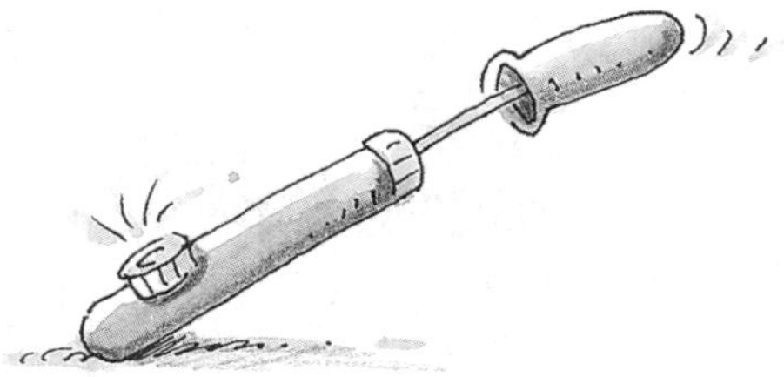

Alte und uralte Rätsel

Esel und Maultier trotten mit schweren Säcken beladen nebeneinander her. Der Esel seufzt unter seiner schweren Last. Das Maultier fragt: „Warum stöhnst du so? Ich trage viel mehr als du. Gäbst du mir einen Sack ab, so trüge ich doppelt so viel wie du. Nähmst du mir allerdings einen Sack ab, so trügen wir beide gleich viel.“ Wie viele Säcke trug jedes Tier?

Von 4 Springbrunnen ist der erste in der Lage eine Zisterne an einem Tag zu füllen, der zweite braucht 2 Tage, der dritte 3 und der vierte Brunnen 4 Tage.
In welcher Zeit würden alle 4 Brunnen die Zisterne füllen, wenn sie alle gleichzeitig liefen?

Ein Löwe, ein Wolf und ein Hund fressen gemeinsam ein Schaf.
Der Löwe allein würde in 1 Stunde mit dem Schaf fertig werden, der Wolf würde 4 und der Hund ebenfalls 4 Stunden allein fressen.
Wie lange dauert die Mahlzeit, wenn alle drei gleichzeitig fressen?

7 Pfund von Padua haben den gleichen Wert wie 5 Pfund von Venedig und 10 Pfund zu Venedig entsprechen 6 zu Nürnberg und 100 von Nürnberg entsprechen 63 zu Köln.
Wie viele Kölnische Pfund sind 1000 Pfund von Padua?

Eine modebewußte Dame präsentierte ihrem geizigen Ehemann eine Rechnung über 312 Mark für ein Kostüm und einen modernen Hut.
Auf die Frage des zur Kasse gebetenen Ehemanns, wie teuer der scheußliche Hut war, antwortete die teure Ehefrau: „Oh, er war äußerst preiswert. Er kostete nur 220 Mark weniger als das Kostüm.“

Der Lehrer fragt in der Schule die kleine Trine, wie viele Hennen sie auf dem Hof haben.
Sie antwortet: „Sieben“. Darauf sagt der Lehrer: „Nun gut, nehmen wir an, diese 7 Hennen legen in 7 Tagen 7 Eier.
Wie viele Hennen legen dann in 21 Tagen 21 Eier?

Ein Brot wiegt 1 kg und ein halbes Brot.
Wie schwer ist ein Brot?

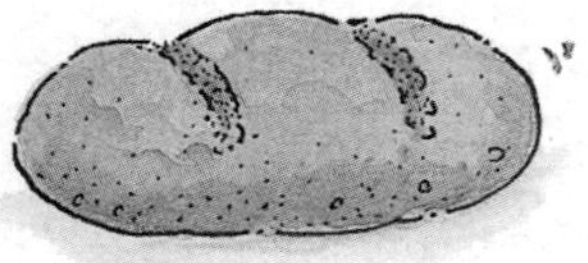

Eine Bäuerin bringt Eier in die Stadt. Beim ersten Kunden verkauft sie die Hälfte ihrer Eier und 1 Ei. Der zweite nimmt die Hälfte vom Rest und 1 Ei. Der Dritte nimmt die Hälfte vom Rest und 1 Ei. 10 Eier bleiben übrig.
Wie viele Eier hatte die Bäuerin am Anfang?

Noch mehr alte Rätsel

Eine Anekdote erzählt von einem Postmeister, den jemand fragt, wie viele Pferde der Alte Fritz zum Wechseln auf der Poststation bestellt hatte. Er sagte: „Mit der Hälfte der bestellten Pferde und einem halben fährt der König selbst. Mit der Hälfte des Restes und einem halben Pferd fährt der Minister, mit der Hälfte des verbleibenden Restes und einem halben fahren die Diener. Das verbleibende Pferd benutzt der Vorreiter.“
Wie viele Pferde wurden bestellt?

Drei Leute hatten im Wirtshaus Kartoffelklöße bestellt. Sie kamen aber nicht gleichzeitig an den Tisch. Der erste aß ein Drittel der Klöße und ging wieder hinaus. Der zweite kam, und da er nicht wusste, dass vor ihm schon einer da war, aß er ein Drittel von dem, was da stand und ging hinaus.
Da kam der letzte und aß wiederum ein Drittel. Draußen trafen sich die Drei und gingen gemeinsam hinein.
Sie fanden noch 8 Klöße vor.
Wie viele Klöße waren es am Anfang?

Paul ist doppelt so alt wie Richard.
Als Emil so alt war, wie Richard jetzt ist, war Paul so alt wie Emil und Richard zusammen.
Jetzt ist Paul aber 10 Jahre jünger als die beiden zusammen.
Als Paul achtmal so alt war wie Richard, war Emil dreimal so alt wie Richard.
Wie alt sind die drei jetzt?

Ein Hund läuft einem Hasen nach.
150 Fuß ist der Hase dem Hund voraus. Der Hase macht 7 Fuß weite Sprünge, während der Hund 9 Fuß weit springt.
Nach wie vielen Sprüngen holt der Hund den Hasen ein?

Der Pfarrer besuchte zu Zeiten die Schule seines Ortes und fand stets, dass mehr Knaben als Mädchen waren. Einmal fand er so, Knaben und Mädchen zusammen, 75 Kinder.
Wie groß war nun hiervon die Anzahl der Knaben und die der Mädchen, wenn ihre Differenz 11 war?

Zwei Reisenden, namens Hans und Veit, die noch spät am Abend in einem Gasthaus eintrafen, um dort zu schlafen, gab der Wirt zu verstehen, dass alle Betten bestellt sind.
Da erbot sich Hans, das dreifache und Veit das fünffache Schlafgeld zu zahlen. Beim Scheiden erhielt der Wirt am nächsten Morgen von den beiden zusammen 24 Groschen.
Wie viel nahm der Wirt gewöhnlich als Schlafgeld?

Geometrische Knobeleien

1 Ein Quadrat zerlegen.

a) b) c) d)

Zerlege ein Quadrat so durch eine gerade Linie, dass
a) zwei Dreiecke b) zwei Rechtecke
c) ein Dreieck und ein Viereck
d) ein Dreieck und ein Fünfeck entstehen.

2 Wie viele rechteckige Formen kann man aus
a) 12 b) 11 c) 24 quadratischen Fliesen herstellen?

3 Teile die Fläche durch drei gerade Linien so, dass die Kaninchen und die Möhren voneinander getrennt sind.

Knobeleien mit Linien

1 Zeichne vier gerade Linien:

a) Die Linien sollen sich nicht schneiden.

b) Es soll ein Schnittpunkt entstehen.

c) Es sollen drei Schnittpunkte entstehen.

d) Es sollen vier Schnittpunkte enstehen.

e) Es sollen fünf Schnittpunkte entstehen.

f) Es sollen sechs Schnittpunkte enstehen.

Muster erkennen und fortsetzen (1)

Einstein hat Muster gezeichnet.
Zeichne weiter.
Welche geometrischen Figuren erkennst du in den Mustern?

a)

geometrische Figuren: ______

b)

geometrische Figuren: ______

c)

geometrische Figuren: ______

d)

geometrische Figuren: ______

Knobeln mit Einstein 3/4

Muster erkennen und fortsetzen (2)

1 Wie geht es weiter?

a)

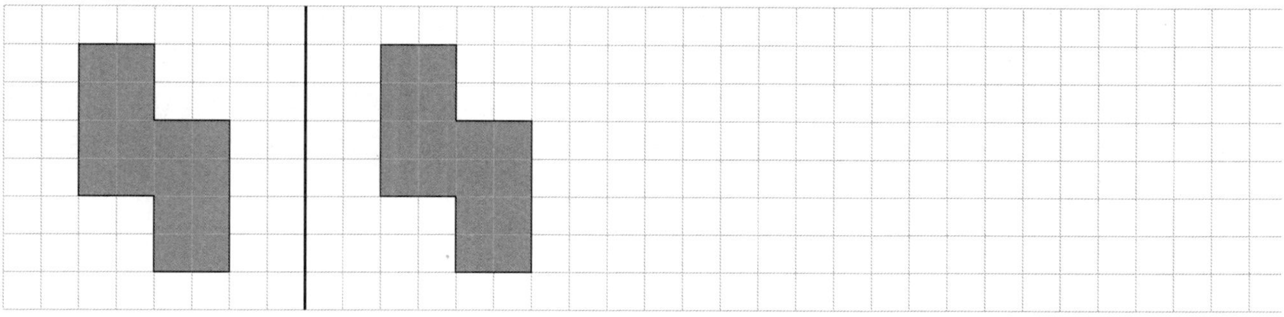

b)

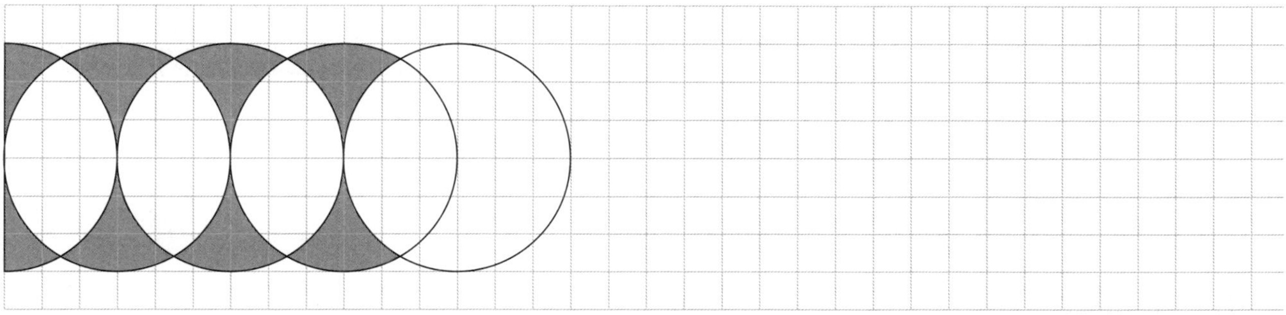

c)

2 Erfinde selbst Muster.

Wege finden

1 Einstein hat in einem alten Buch eine Geschichte gelesen:
„Ein berühmter Mathematiker – Leonhard Euler – ging häufig in Königsberg am Fluss Pregel spazieren. Es gab sieben Brücken, die die Ufer und die Insel miteinander verbanden. Bei seinen Spaziergängen überlegte Euler, ob man wohl alle diese Brücken nacheinander überschreiten kann, ohne eine auszulassen und ohne eine zweimal zu betreten.“

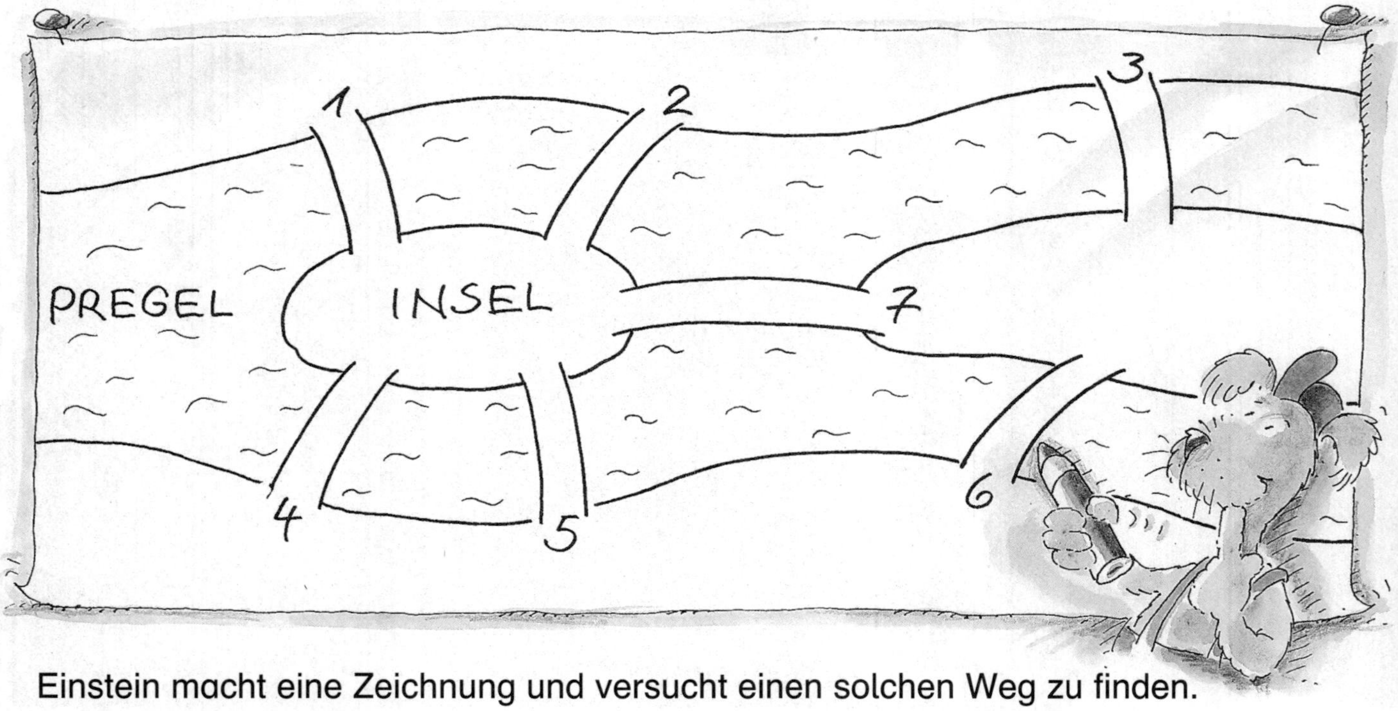

Einstein macht eine Zeichnung und versucht einen solchen Weg zu finden.

a) Versuche du, einen Weg zu finden.
Nach einer Weile gibt Einstein auf. „Ich finde keinen Weg“.
Pia hat eine Idee. Sie zeichnet eine weitere Brücke ein und nun gelingt ihr der Spaziergang.

b) Zeichne auch du eine Brücke so ein, dass der Spaziergang gelingt.

2 Welcher Knochen gehört zu welchem Hund?
Suche den Weg nur mit den Augen.

Wege im Zoo

Einstein und die Primo-Kinder wollen die Tiere im Heimatzoo ansehen. Welchen Weg können sie gehen, wenn sie an jedem Gehege nur einmal vorbei kommen wollen?

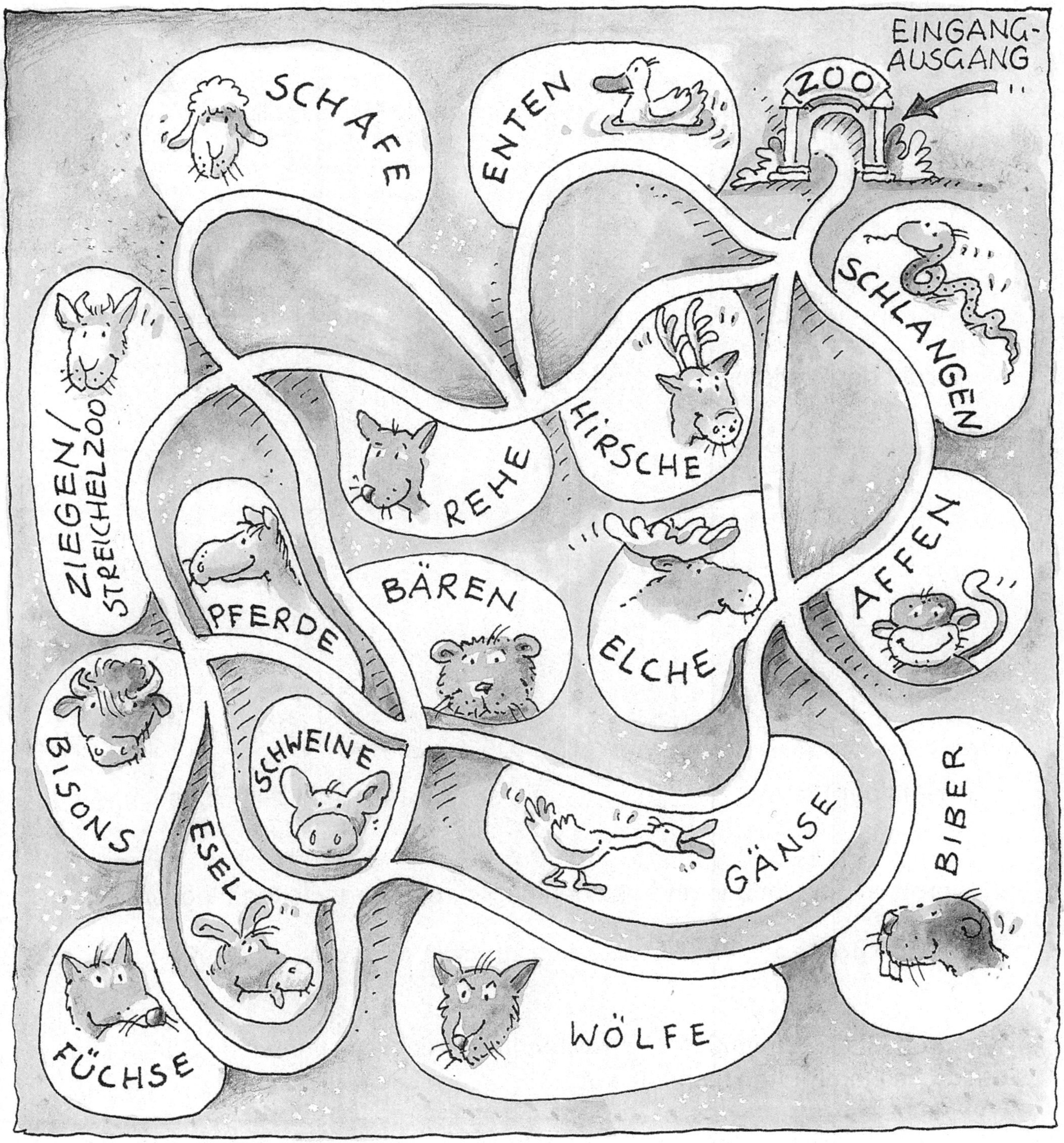

Möglicher Weg:

___

___

___

___

___

Flächen auslegen (1)

1 Wie viele quadratische Platten werden benötigt, um die verkleinert dargestellten Terrassen auszulegen?

a) 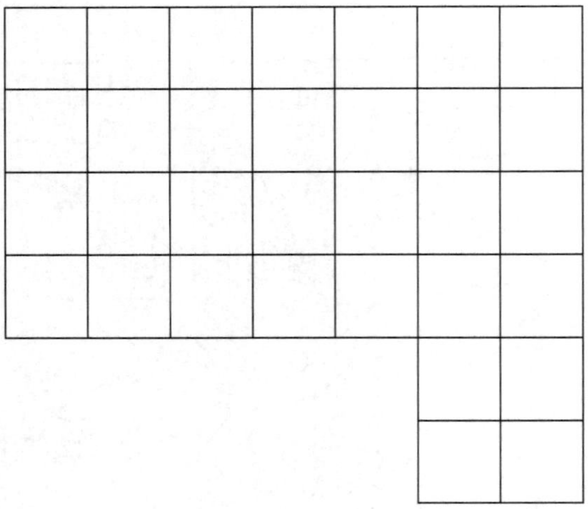

Anzahl der Platten: ____________

b) 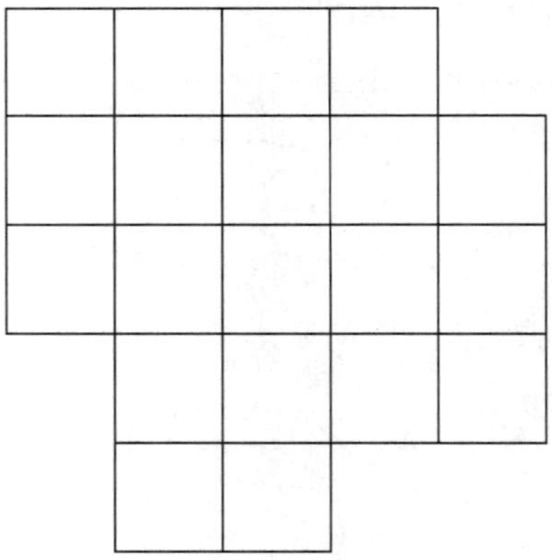

Anzahl der Platten: ____________

c) 

Anzahl der Platten: ____________

d) 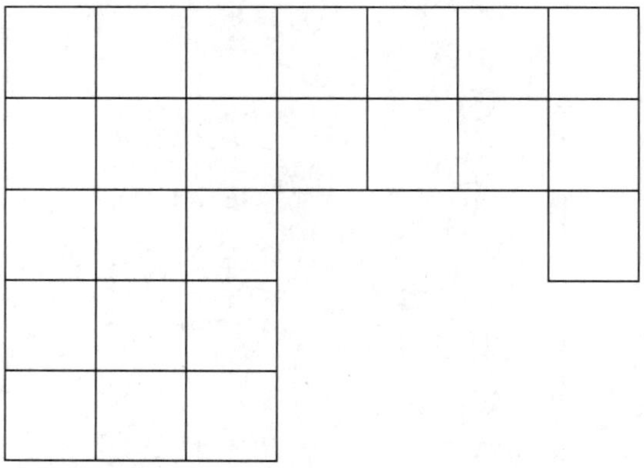

Anzahl der Platten: ____________

2 Wie groß ist der Umfang (in Kästchenlängen) der dargestellen Flächen?

a) ____________ b) ____________ c) ____________ d) ____________

3 Wie groß ist der Umfang der Terrassen in Wirklichkeit, wenn eine Seite einer quadratischen Platte 50 cm lang ist?

a) ____________ b) ____________ c) ____________ d) ____________

Flächen auslegen (2)

1 Wie viele dieser Dreiecke ◿ benötigt Einstein, um die Figur auszulegen? Schreibe die Anzahl unter die Figur.

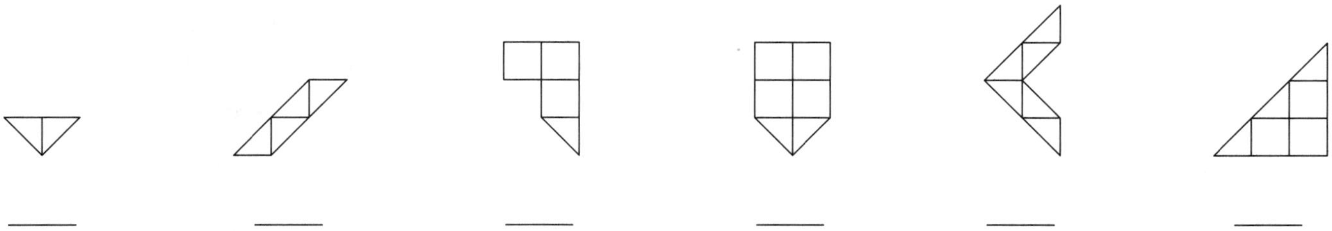

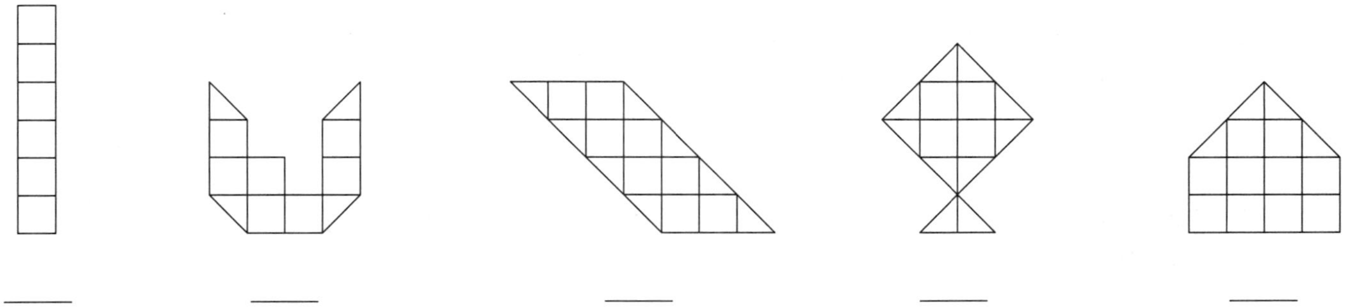

2 Welche Fläche ist größer? Schätze zuerst. Dann zähle nach.

a)

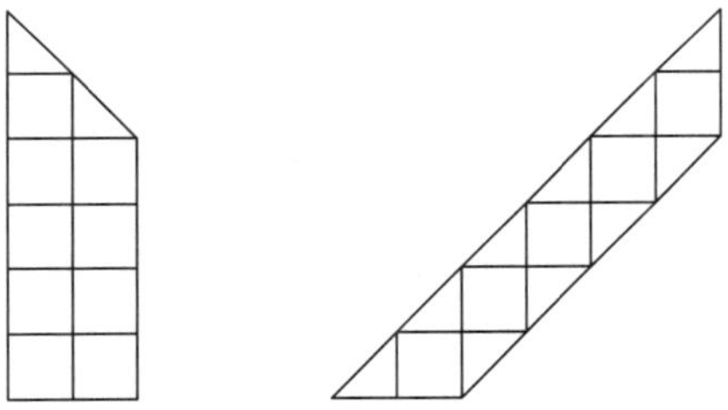

1 oder 2

	□	◿
1		
2		

b)

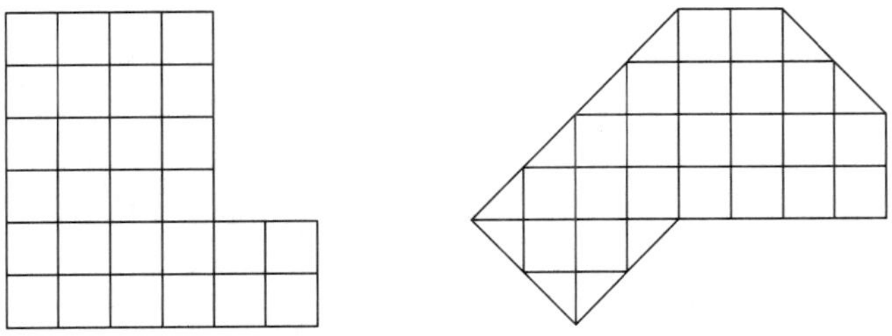

3 oder 4

	□	◿
3		
4		

c)

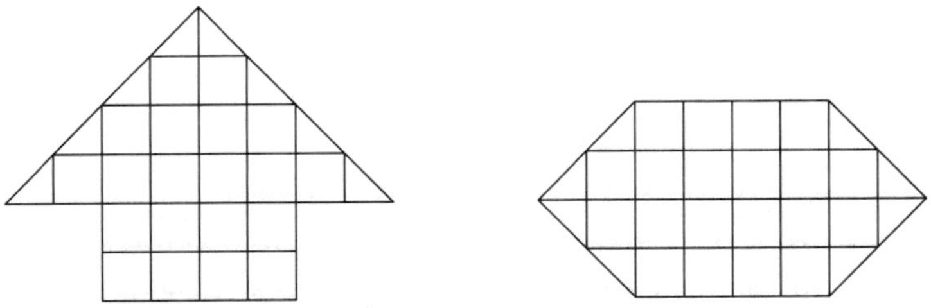

5 oder 6

	□	◿
5		
6		

Figuren auslegen

1

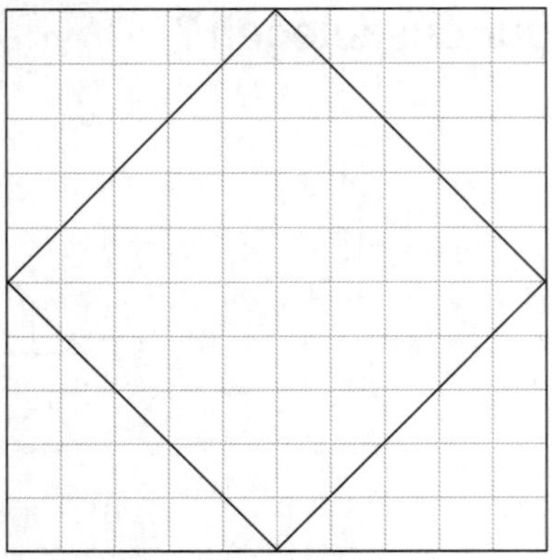

Zeichne diese Figur auf Karopapier nach. Schneide das große Quadrat aus und klebe es auf Pappe. Schneide dann die Dreiecke ab.

2 Pia und Maxi haben aus den Teilen schon neue Figuren gelegt.
Lege sie nach und gib ihnen Namen.

3 Lege ein möglichst großes Dreieck und ein möglichst großes Rechteck.
Kannst du weitere Figuren legen? Zeichne sie auf.

Umfang und Inhalt von Flächen

Auf Karopapier sollen Flächen gezeichnet werden.
Im Beispiel sind zwei Flächen zu sehen, die beide aus sechs Kästchen bestehen.

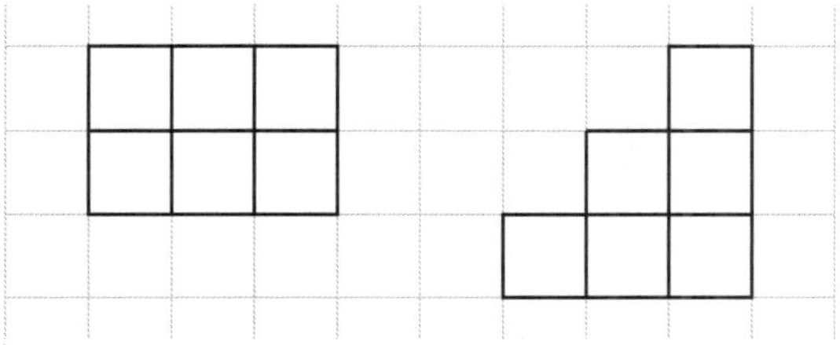

Der Umfang der einen Fläche ist 10 Kästchenlängen lang.
Der Umfang der anderen Fläche beträgt 12 Kästenlängen.

1 Finde möglichst viele Flächen, deren Umfang 12 Kästenlängen lang ist.
Die Fläche soll aus
a) 7 Kästchen b) 8 Kästchen c) 9 Kästchen bestehen.
Findest du immer mehr als eine Lösung?
Wenn nicht, überlege, warum es nicht mehr als eine Lösung geben kann.

Würfelbauten

1 Suche die Würfelbauten heraus, die so aufgebaut sind wie dieser.

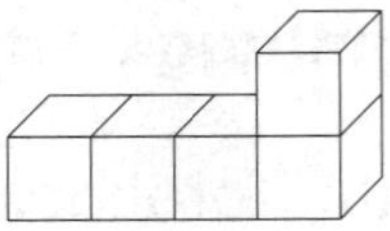

a) 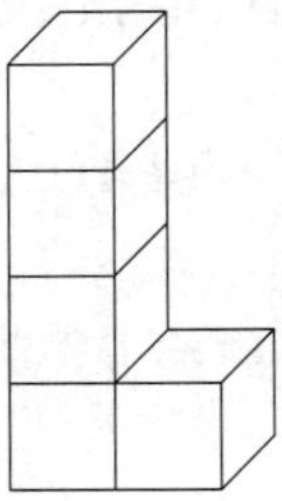

b) 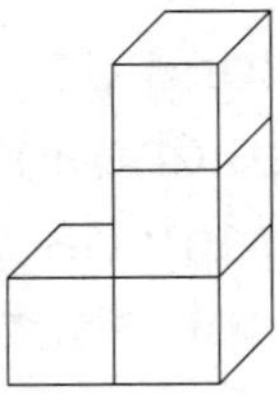

c) 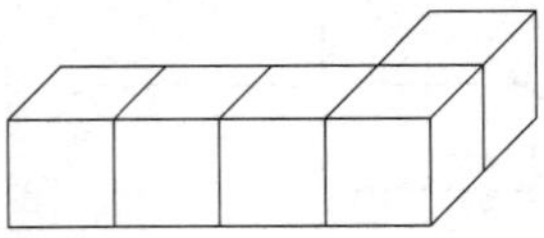

d) 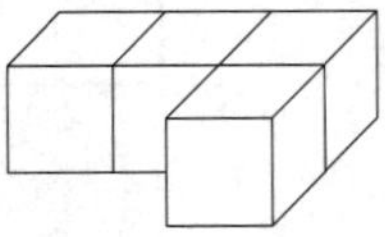

2 Wie viele Würfel brauchst du zum Bauen? Baue nach.

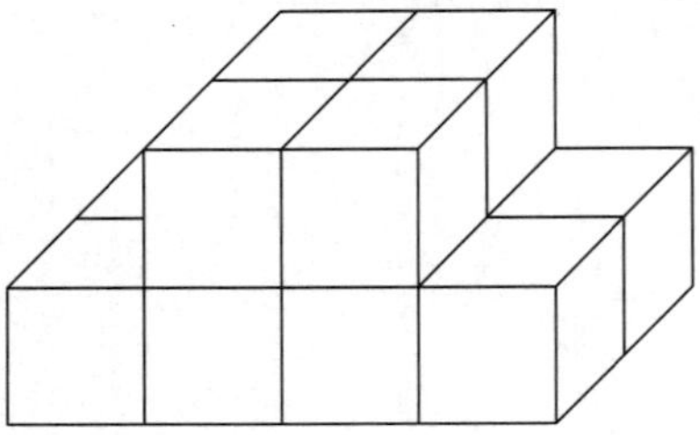

a) ______ Würfel

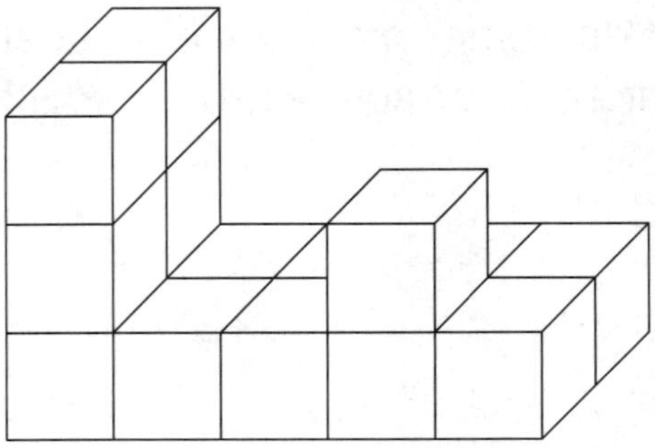

b) ______ Würfel

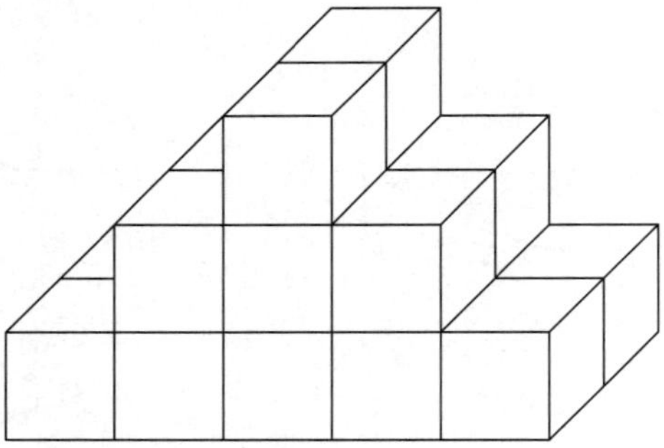

c) ______ Würfel

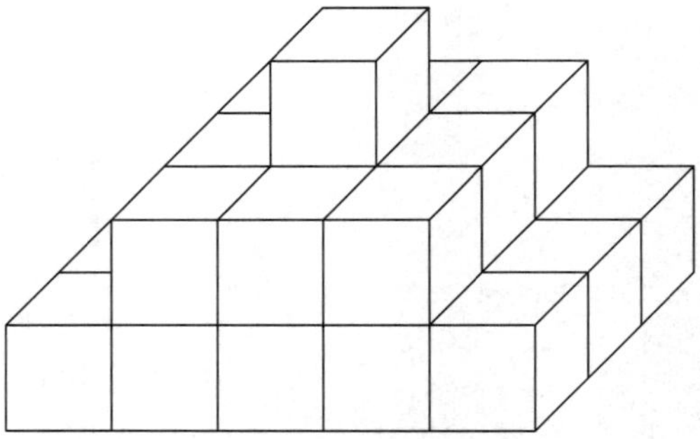

d) ______ Würfel

3 Jeder der vier Würfelbauten aus Aufgabe 2 soll zu einem möglichst kleinen Quader ergänzt werden.
Wie viele Würfel werden dazu benötigt?

a) ______ Würfel b) ______ Würfel

c) ______ Würfel d) ______ Würfel

Baue nach.

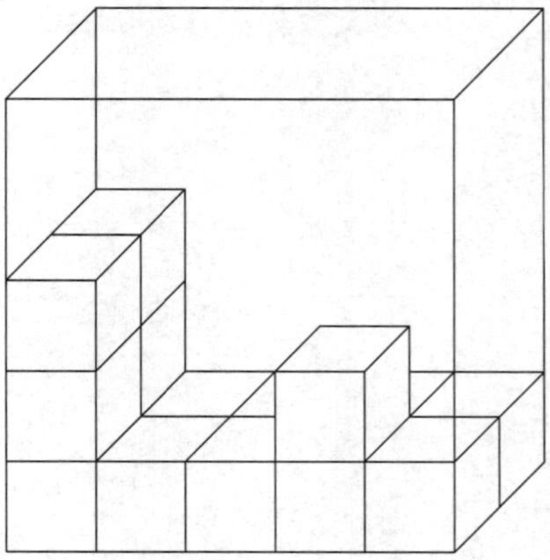

Knobeleien rund um Würfel

1 Im Werkunterricht soll aus 27 kleinen Würfeln ein großer Würfel zusammengesetzt werden.

Die Seiten des großen Würfels sollen angemalt werden:
eine Seite schwarz, die gegenüberliegende weiß,
eine Seite rot, die gegenüberliegende grün,
die letzten beiden Seiten sollen blau und gelb angemalt werden.

Der Klebstoff ist leider alle, die Lehrerin bittet die Kinder alle kleinen Würfel schon zu bemalen, damit sie der nächsten Stunde den großen Würfel zusammenkleben können.

Wie viele Würfel müssen die Kinder bemalen?
Wie viele Flächen müssen an den einzelnen Würfeln bemalt werden?
Mit welchen Farben?

2 Wege von Ameisen.

Ameisen sind auf einem Würfel lang gelaufen.

a) Hier ist ihr Weg auf dem Netz eingezeichnet. Übertrage den Weg auf den Würfel.

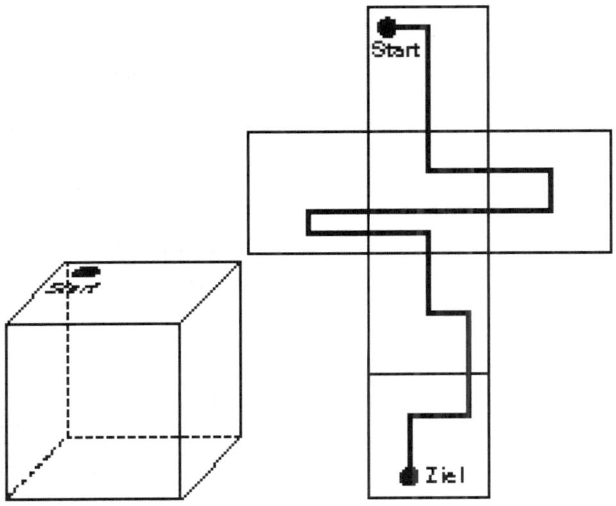

b) Hier ist der Weg einer anderen Ameise auf dem Würfel eingezeichnet. Übertrage den Weg auf das Netz.

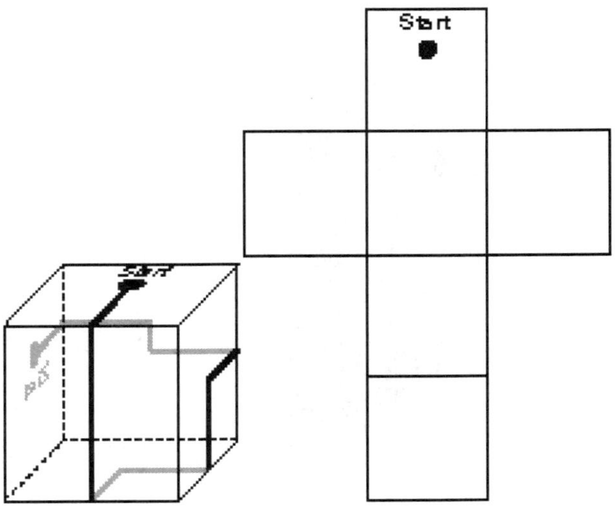

Symmetrie

1 Zeichne die Spiegelbilder.

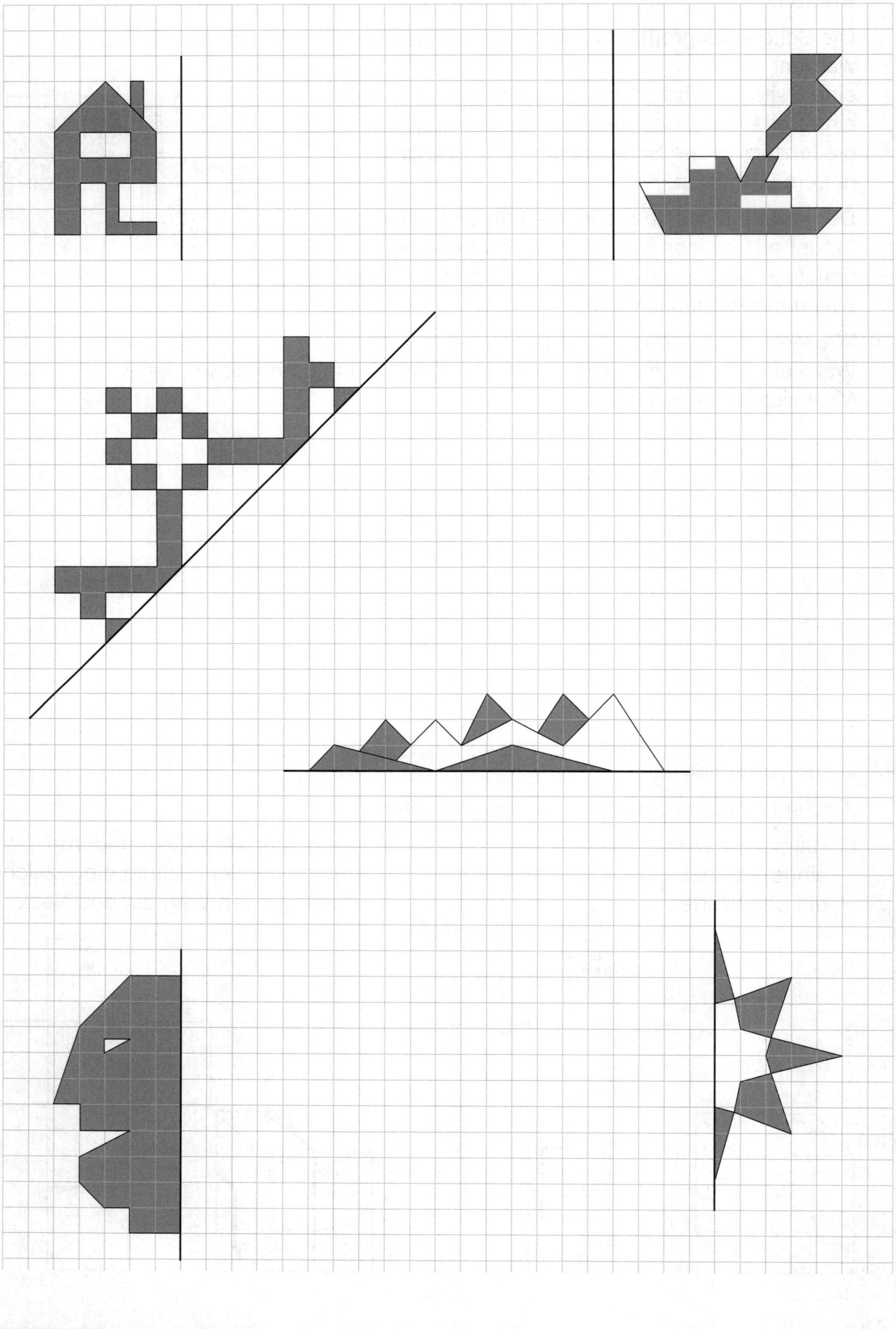

Symmetrie – Kreise

1 Beim Zeichnen dieser Spiegelbilder hilft dir ein Zirkel.

2 Ergänze die Zeichnungen so, dass symmetrische Figuren entstehen.

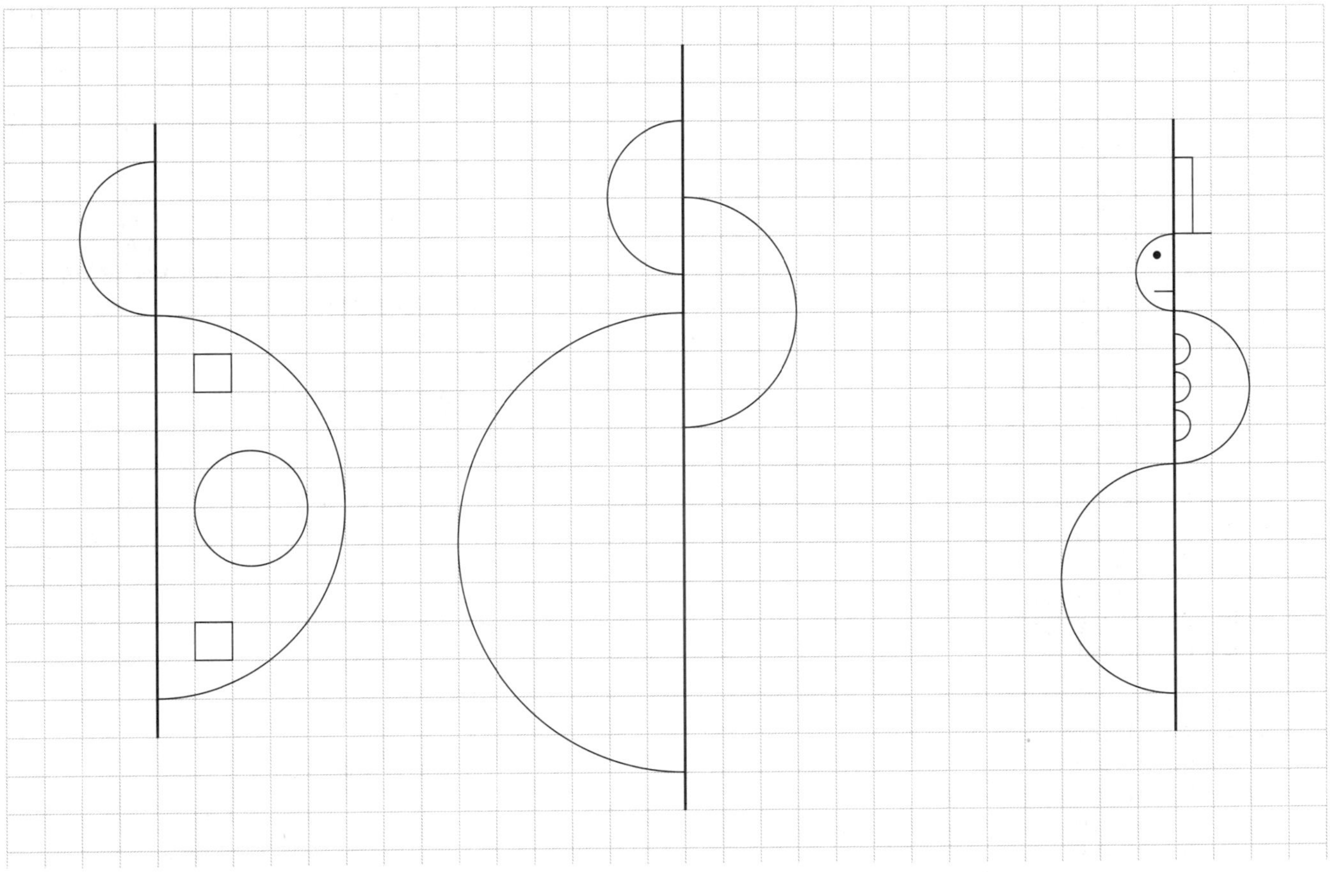

Seite 1

1. a)

5		10		10		20		20	
10	5	15	5	20	10	30	10	20	40
15		20		30		40		60	

b) Z. B.: Im 3. bzw. 4. Haus wohnen Zahlen, die doppelt so groß sind wie die im 1. bzw. 2. Haus.

2. a)

10	
13	3
16	

b)

17	
21	4
25	

3.

19		10		38		20		76	
24	5	29	19	48	10	58	38	96	20
29		48		58		96		116	

4. a) 1, 2, 4, 8, 16, 32, 64, 128
Regel: · 2
b) 1, 3, 9, 27, 81, 243, 729
Regel: · 3
c) 1, 4, 9, 16, 25, 36, 49, 64
Regel: Quadratzahlen
d) 2, 6, 12, 20, 30, 42, 56
Regel: + 4, + 6, + 8, + 10, + 12, + 14
e) 1, 1, 2, 3, 5, 8, 13, 21, 34
Regel: Fibonacci-Zahlen, 1 + 1 = 2, 1 + 2 = 3, 2 + 3 = 5, 3 + 5 = 8
f) 10, 9, 11, 8, 12, 7, 13, 6
Regel: – 1, + 2, – 3, + 4, – 5, + 6, – 7

Seite 2

1. a) eine Zahlengruppe ist 1, 2, 7, 8
die zweite ist 3, 4, 5, 6
Summe 18
b) oben: 1, 2, 7, 8
unten: 3, 4, 5, 6
oder
oben: 1, 3, 6, 8
unten: 2, 4, 5, 7
c) Es gibt keine Lösung, da die Summe 21 ist.

Seite 3

1. A = 3 F = 1
B = 8 G = 4
C = 9 H = 6
D = 0 I = 5
E = 2 K = 7
2. A = 6 F = 8
B = 7 G = 9
C = 3 H = 0
D = 5 I = 1
E = 4 K = 2
3. A = 6 F = 1
B = 9 G = 7
C = 2 H = 8
D = 3 I = 5
E = 0 K = 4
4. A = 2 F = 3
B = 6 G = 4
C = 5 H = 5
D = 0 I = 8
E = 9 K = 1

Seite 4

1. A = 7 F = 1
B = 6 G = 9
C = 8 H = 2
D = 5 I = 0
E = 3 K = 4
2. A = 1 F = 7
B = 7 G = 2
C = 4 H = 0
D = 6 I = 3
E = 5 K = 9
3. A = 6 F = 2
B = 1 G = 0
C = 5 H = 3
D = 8 I = 7
E = 4 K = 9

4. 156624
+ 79624
236248

1034 oder 4032
+ 1034 + 4032
2068 8064

5. z. B. 734
+ 714
1448

Seite 5

1.
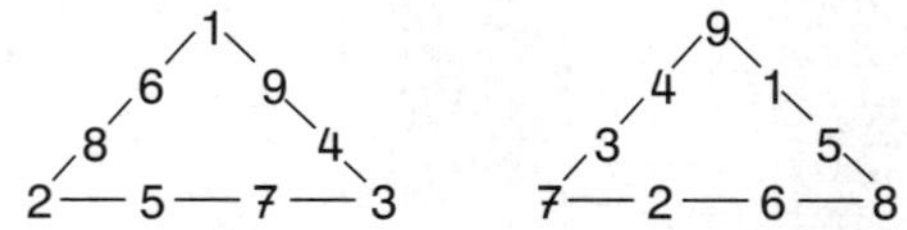

2.
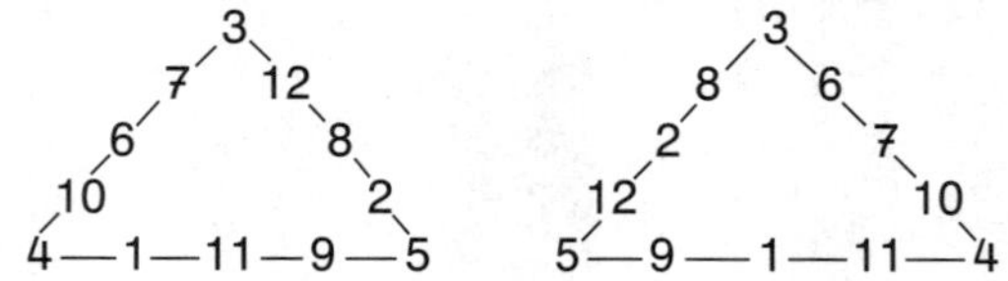

3.
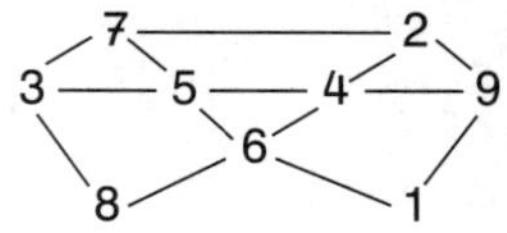

Seite 6

1. a) Das 10. Muster besteht aus 1 + 2 + ... + 10 = 55.
Das 20. Muster besteht aus 1 + 2 + ... + 20 = 210.
b) Das 10. Muster besteht aus 145 Punkten.
Das 20. Muster besteht aus 590 Punkten.
Die 10. Figur besteht aus der Quadratzahl 100 und der 9. Dreieckszahl.
2. a) aus 400 kleinen Dreiecken
b) Es gibt mehr Dreiecke der Form A.
c) Es gibt mehr Dreiecke der Form A.
610 Hölzchen für das „20er"-Dreieck, 14650 für das „100er"-Dreieck

Seite 7

1. a) 1 + 2 + 3 + 4 + 5 + 6 + 7
1 + 2 + 3 + 4 + 5 + 6
...
1 + 2
2 + 3 + 4 + 5 + 6 + 7
2 + 3 + 4 + 5 + 6
...
2 + 3
3 + 4 + ... + 7
...
3 + 4
...
14 + 15
Es gibt 36 Aufgaben.
b) 22 + 23
14 + 15 + 16
7 + 8 + 9 + 10 + 11

5 + 6 + 7 + 8 + 9 + 10
1 + 2 + 3 + 4 + 5 + 6 + 7 + 8 + 9

2. a) Man kann die Summe immer durch 3 teilen ($a + a + 1 + a + 2 = 3a + 3$).
   b) Man kann die Summe immer durch 5 teilen ($a + a + 1 + a + 2 + a + 3 + a + 4 = 5a + 10$).
   c) Nein, die Summe kann nicht durch 4 geteilt werden ($a + a + 1 + a + 2 + a + 3 = 4a + 6$).

Seite 8

1. Die Differenz ist immer ein Vielfaches von 198.
2. a) 42 · 36 = 1512
   24 · 63 = 1512
   63 · 48 = 3024
   36 · 84 = 3024
   b) Das Ergebnis ist gleich.
3. a) 45, 45 Rest 1, 45 Rest 2, 45 Rest 3, 46, 46 Rest 1, 46 Rest 2
   b) 39, 39 Rest 1, 39 Rest 2, 39 Rest 3, 39 Rest 4, 40, 40 Rest 1
   c) 41, 41 Rest 1, 41 Rest 2, 41 Rest 3, 41 Rest 4, 41 Rest 5, 42
   Der Rest ist immer mindestens um 1 kleiner als die Zahl, durch die geteilt wird.
4. a) 2 Rest 1, 4 Rest 2, 6 Rest 3, 8 Rest 4, 10 Rest 5
   b) 1 Rest 8, 3 Rest 7, 6 Rest 6, 7 Rest 5, 9 Rest 4
   c) 3 Rest 3, 7 Rest 2, 11 Rest 1, 15, 18 Rest 3
   Der Rest ist immer mindestens um 1 kleiner als die Zahl, durch die geteilt wird.

Seite 9

1. 226, 1226
   Die Differenz zwischen den Ergebnissen ist immer 1000.
2. 166, 1266
   Die Differenz zwischen den Ergebnissen ist immer 1100.
3. 31792, 41792
   Die Differenz zwischen den Ergebnissen ist immer 10000.
4. a) 48 96
   Das Ergebnis ist immer gleich, erste Zahl halbiert, zweite Zahl verdoppelt.
   b) 108 108
   Das Ergebnis ist immer gleich.
   c) 20 21
   40 42
   80 84
   Das Ergebnis verdoppelt sich.
   d) 30 24
   Das Ergebnis ist immer gleich, beide Zahlen werden verdoppelt.
   e) 30 20 18
   15 10 9
   Das Ergebnis wird halbiert, die Zahl, durch die geteilt wird, wird verdoppelt.

Seite 10

1.

1001	111	111111
2002	222	222222
3003	333	333333

Das Ergebnis vervielfacht sich wie der Faktor, der verändert wird.

2.

1001	81	1
2002	882	11
3003	8883	111
4004	88884	1111
		11111

3. 2310 30030 15015
   Das Ergebnis ist immer gleich.
4. 2 · 11 = 22, 3 · 10 = 30, 4 · 9 = 36, 5 · 8 = 40, 6 · 7 = 42

Seite 11

1. a) 8 · 31 = 248
   b) 5 · 19 = 95
   c) 7 · 19 = 133
2. a) 77 · 921 = 70917
   b) 24 · 126 = 3024
   c) 451 · 48 = 21648
3. 6 = 264 : 44
   8 = 2112 : 264
   48 = 2112 : 44
   220 = 264 – 44
   308 = 44 + 264
   1848 = 2112 – 264
   2068 = 2112 – 44
   2156 = 2112 + 44
   2376 = 2112 + 264
   11616 = 44 · 264
   92928 = 44 · 2112
   557568 = 264 · 2112

Seite 12

1. a) ? = 2
   Die dritte Zahl in der Reihe ist immer die Differenz der 2. und der 1. Zahl.
   b) ? = 5
   Die Summe jeder Spalte ist 15.
2. 107 – 98 = 9   20 – 8 = 12
   15 – 6 = 9   108 – 99 = 9
3. z. B. 24 – 0 = 24
   Es gibt 6 Lösungen.
   37 – 26 = 11 und 37 – 16 = 21
4. Es gibt keine Lösung. Um auf eine Zehnerzahl als Ergebnis zu kommen, müsste man eine zweistellige Zahl abziehen.
5. 42 + 9 = 51
   25 + 19 + 0 + 17 · 2 + 2 = 80
   oder
   25 + 19 + 17 + 17 · 1 + 2 = 80
6. 72 < 86
   178 > 78
   35 = 35
   246 = 246

Seite 13

1. 12 € : 4 = 3 €
   3 € · 6 = 18 €
2. 3-Liter-Gefäß füllen, in 5-Liter-Gefäß umfüllen, 3-Liter-Gefäß füllen, mit 2 l das 5-Liter-Gefäß füllen und dann ausgießen, 1 l aus 3-Liter-Gefäß in 5-Liter-Gefäß umfüllen, 3-Liter-Gefäß füllen und in 5-Liter-Gefäß umfüllen: 4 l.
3. Es werden 3er-Gruppen gebildet. 3 Eier werden gegen 3 Eier gemessen. Das Gips-Ei ist entweder in der schwereren Gruppe oder bei Gleichstand in der nicht gemessenen Gruppe.

Aus der Gruppe mit dem falschen Ei werden zwei Eier gegeneinander gemessen. Bei Gleichstand ist es das nicht gemessene Ei, sonst das schwerere Ei.
Zwei Messungen reichen also.

4. a) Am ersten Tag las Pia 10 Seiten, danach 15, 20, 25, 30, 35 und am letzten Tag 40 Seiten.
   b) Maxi las am ersten Tag 25 Seiten, am 2. Tag 50, am 3. Tag 100 Seiten.

Seite 14

1. Nelken kosten 1,20 €, Rosen 0,90 €.
2. Eine Lilie kostet 1 €, eine Gerbera 0,80 €.
   Es sind 6 Lilien und 5 Gerbera.
3. Es gibt drei Lösungen: 5 / 10 / 15 Tauben, 29 / 18 / 7 Turteltauben, 66 / 72 / 78 Sperlinge
4. Es sind 7 Würfel.
5. Es gibt 12 Möglichkeiten.

Seite 15

1. 22 + 3
   16 + 9
   10 + 15
   4 + 21
2. Es sind 25 Kinder in der Klasse.
3. 60 : 4 = 15
   15 + 35 = 50
4. Die Zahl heißt 4.
5. 33 + 66 = 99
6. 100 – 99 = 1
   1000 – 999 = 1
7. 11 – 9 + 7 + 5 – 3 – 1 = 10
   12 – 10 + 8 – 6 + 4 + 2 = 10

Seite 16

1. a) Es gibt 15 Möglichkeiten.
   b) Es gibt 15 Möglichkeiten.
   c) Es sind gleich viele Möglichkeiten.

Seite 17

1. 6 Möglichkeiten
2. a) 6 Möglichkeiten
   b) 27 Möglichkeiten
3. Am 21. Tag.

Seite 18

1. 66-mal klingen die Gläser.
2. Letztes Jahr waren 45 Gäste anwesend, dieses Jahr sind es 78 Gäste.
3. a) Es gibt 12 Möglichkeiten.
   b) Es gibt 72 Möglichkeiten.

Seite 19

1. a) Von A nach B 35 Möglichkeiten
   von A nach C 21 Möglichkeiten
   von A nach D 35 Möglichkeiten
   b) Es gibt 56 Wege, entspricht der Summe von 21 und 35.
2. Es gibt 40320 (8 · 7 · 6 · 5 · 4 · 3 · 2 ·1) Möglichkeiten.
3. Es gibt 225 Möglichkeiten.

Seite 20

1. Die 1 kommt 21-mal vor.
   Die 0 kommt 12-mal vor.
   Die 7 kommt 20-mal vor.
2. Die 1 kommt am häufigsten vor.
3. Es gibt 256 Möglichkeiten.
4. 005 104 203 302 401 500
   014 113 212 311 410
   023 122 221 320
   032 131 230
   041 140
   050

Seite 21

1. o o o o
   o
   o o
   o o
2. 11 · 2 · 5 · 7 · 13 = 10010
3.

		o	●	o	●	o	●	o	●		
●	o	o	●	o	●	o			●		
●	o	o	●			o		●	●		
●			●	o	o	o	o	●	●		
●	●	●	●	o	o	o	o				

Seite 22

1. Frau Weiß hat keine schwarzen Haare, da sie sich mit der schwarzhaarigen Frau unterhält. Sie muss also braune Haare haben.
   Für Frau Braun und Frau Schwarz bleiben noch weiße und schwarze Haare übrig. Daher muss Frau Schwarz weiße Haare, Frau Braun schwarze Haare haben.
2. Paul Schulz (Torwart), Mathias Lehmann (Mittelstürmer), Hans Lehmann, Paul Lehmann, Fritz Lehmann, Hans Meier, Paul Meier, Fritz Meier, Hans Krause, Fritz Krause, Hans Schulz
3. Das Teil mit den drei Ringen wird in Einzelteile zerlegt. Mit den drei Teilen werden die anderen Teile verbunden.

Seite 23

1. Acht Fahrmanöver sind notwendig.

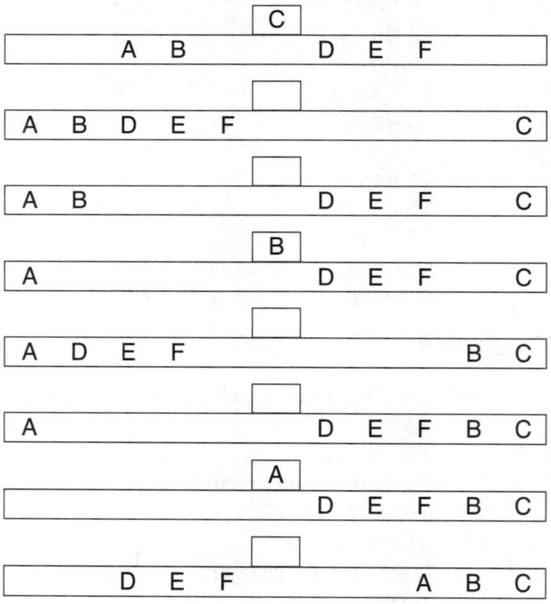

2. 1. Fahrt Ziege, Kohl und Wolf bleiben zurück; Rückfahrt leer; 2. Fahrt Wolf, Rückfahrt Ziege; 3. Fahrt Kohl, zurück leer; 4. Fahrt Ziege
3. 36 min

Seite 24

1. Er hat 12 von 22 Seiten beschrieben.
2. Paul wiegt 34 kg, Leo 39 kg.
3. Ein Kind ist 85 cm groß, das andere 95 cm.
4. 15-mal
5. Pia bekommt 50 cm, Jens 100 cm, Laura 150 cm.
6. Lea ist 8 Jahre alt, Tim ist 10 Jahre und Maxi 12 Jahre alt.
7. 20 Ställe sind für ein Kaninchen, 15 für 2 Kaninchen.
8. Am 9. Tag ist die Schnecke oben.